JN228379

7つの徳目

職場の8大悪

適

7つの大罪

精査の4技法

職

AWAKE

4021の研究データが導き出す

科学的な適職《かがくてきなてきしょく》

最高《さいこう》の職業《しょくぎょう》の選《えら》び方《かた》

THE BEST CAREER

鈴木祐《すずきゆう》

YU SUZUKI

仕事の満足度を判断する
2大尺度

いまの仕事を最高に変える
7つの計画

CROSSMEDIA PUBLISHING

将来・キャリアへの不安を感じている方へ。

この本は、科学的根拠に基づき、

「キャリア選択」という

正解のない悩みに答えを出す方法

を具体的に解説するものです。

まずは、いまの自分の状況をチェックしてみてください。

〈こうすべきと思い込んでいませんか？〉

職業選択にありがちな7つの大罪

□ 大罪1：好きを仕事にする

□ 大罪2：給料の多さで選ぶ

□ 大罪3：業界や職種で選ぶ

□ 大罪4：仕事の楽さで選ぶ

□ 大罪5：性格テストで選ぶ

□ 大罪6：直感で選ぶ

□ 大罪7：適性に合った仕事を求める

〈どのくらい満たされていますか？〉

仕事の幸福度を決める7つの徳目

- □ **徳目1：自由** 仕事内容や働き方に裁量権がある
- □ **徳目2：達成** 前に進んでいる感覚を得られる
- □ **徳目3：焦点** モチベーションタイプに合っている
- □ **徳目4：明確** なすべきこと、ビジョン、評価軸が明確である
- □ **徳目5：多様** 作業内容にバリエーションがある
- □ **徳目6：仲間** 組織内に助けてくれる友人がいる
- □ **徳目7：貢献** どれだけ世の中の役に立っているかわかる

〈どのくらい当てはまっていますか？〉

最悪の職場に共通する8つの悪

- □ 1位：ワークライフバランス崩壊
- □ 2位：雇用が不安定
- □ 3位：労働時間が長い
- □ 4位：シフトワーク
- □ 5位：仕事の裁量権がない
- □ 6位：周囲からのサポートがない
- □ 7位：組織内に不公平が多い
- □ 8位：通勤時間が長い

はじめに

好きなことを仕事にしよう。安定した業種を選ぼう。フリーランスこそ至高の働き方だ。スキルアップできる会社に入ろう。自分だけの強みを生かそう。コモディティ化しない職業が最高——。

世の中には、さまざまなキャリアアドバイスが存在します。いずれの考え方にも一定の説得力があり、どれに従うべきかとまどってしまう人は少なくないはずです。

が、これらのアドバイスが問題なのは、その大半が個人の経験や嗜好にしかもとづいていない点にあります。

好きなことで成功した人ほど「好きを仕事に」と主張し、安定志向が強い人は固い職業をほめたたえ、株で当てた人は積極的な投資を勧め、ブログで稼いだ経験があればブロガーを持ち上げるでしょう。ある程度の参考にはなるでしょうが、それで誰もが成功できる保証などないのは間違いありません。

それでは私たちは、なんの手がかりもなしに人生の荒波を乗り越えていかねばならないのでしょうか？　何も確かなことがない未来に対して、丸腰で立ち向かわねばならないのでしょうか？

もちろん、そんなことはありません。

幸いにも、1990年代から組織心理学やポジティブ心理学などの分野で「キャリア選択」に関する研究が進み、精度の高い答えが提示されています。あなたを幸せにする仕事とはどのようなものか？　私たちが人生で正しい選択をするためには何をすべきなのか？こういった疑問について、ある程度まで定量的な回答が出てきたのです。現代で適職を探したいなら、偉大な先人たちが磨き上げた知見を活かさない手はないでしょう。

といっても、言わずもがな、統計的なデータとはあくまで私たちの人生をおおまかにつかむためのツールです。自分がその範囲内に収まるかどうかを確かめるには、日々の暮らしのなかで試行錯誤を続けていくしかありません。

つまり、これからお伝えしていく研究結果を現実に活かすには、**あなたの価値観やライフスタイルを組み込んだ、自分だけの「適職の選び方」**を編みだす必要があります。その具体的な方法をお伝えするのが、本書です。不確かな人生のなかで、あなたにとって適切な道を選ぶよすがになれば幸いです。

科学的な適職　もくじ

ステップ1 幻想から覚める――仕事選びにおける7つの大罪

〈ステップ 2〉 未来を広げる

――仕事の幸福度を決める7つの徳目

〈ステップ3〉
悪を取り除く
――最悪の職場に共通する8つの悪

ステップ 4 歪みに気づく——バイアスを取り除くための4大技法

〈ステップ 5〉

やりがいを再構築する
——仕事の満足度を高める7つの計画

序章

最高の職業の選び方

STEP 0

Prologue

「見るべき場所を見ないから、
それで大切なものをすべて
見落とすのさ」

コナン・ドイル（1859−1930）
イギリスの作家
Arthur Conan Doyle
Writer, United Kingdom

なぜ私たちはキャリア選びに失敗するのか

キャリアの後悔は人生の後悔

「なんでもっと良い仕事を探さなかったのだろう……」
「あんな職場はすぐに辞めるべきだった……」
　どちらも転職に失敗した社会人が吐いた嘆きの声のようですが、実はこれらの言葉は、すべて100歳近い老人たちが漏らしたものです。2012年にコーネル大学が1500人の老人に「人生でもっとも後悔したことは？」と尋ねたところ、一番多かったのはキャリア選択への未練の言葉でした。[1]
　類似の研究は世界中で行われており、およそどの地域でも似たような結果が出ます。特に日本の場合は「仕事を第一にしすぎた」や「働きすぎてプライベートをなくした」といった答えを返す老人が多く、仕事と生き方が密接に結びついた日本人の国民性がうかがえるでしょう。

その他にも「友人を大事にしなかった」や「時間を大切にしなかった」「自分の感情を偽って行動した」などの言葉が目につきましたが、いずれも仕事選びへの後悔の数にはおよびません。

昇進に目がくらんで同僚から嫌われた、長時間労働で体を壊した、苦しい仕事から逃げてしまった……。

老人たちの多くは、人生の終盤になってもなお、自らのキャリア選択を悔み続けていたのです。

当然ながら、現役世代においてもキャリア選びの悩みは尽きません。36万5000人を対象にした厚労省の調査では、入社から3年以内に会社を辞めた人間の割合は大卒でも約30%超。これが前向きな離職なら問題はありませんが、属性別のデータを見ると「思っていた仕事と実際の内容が違う」が離職動機のトップに入っており、やはり適職選びに失敗したケースが多数を占めています。

さらに、欧米やアジア圏での約2万件の調査によれば、ヘッドハンティングによって他社の管理職や総合職に転じた採用者のうち4割は1年半以内にクビになるか、自分の適応性のなさに気づいて自ら ポストを辞していました。

どうして私たちは、ここまでキャリア選びが苦手なのでしょうか？　自分の将来を左右する一大事に対して、なぜ高い確率で誤った判断を下してしまうのでしょうか？

就職・転職の失敗の7割が「視野狭窄」

その根本的な〝原因〟について考えるために、ハーバードビジネススクールが行った調査を見てみましょう。[2]

この研究は、日本をふくむ世界40カ国のヘッドハンターや人事部門の責任者1000人超にインタビューを行ったもので、過去にたずさわった転職の実例をピックアップした上で、働く場所を変えたことによって以前と同じパフォーマンスを発揮できなくなったり、人生の満足度が下がってしまったりした人に共通する要素を抜き出しました。要するに、良い仕事を見つけられずに後悔した人たちの共通項を調べたわけです。

その結果をひとことでまとめれば、次のようになります。

◉就職と転職の失敗は、およそ7割が「視野狭窄」によって引き起こされる

「視野狭窄」とは、ものごとの一面にしか注目できなくなり、その他の可能性をまったく考えられない状態を意味します。

一例を挙げれば、調査のなかでもっとも多かった失敗は「下調べをしっかりしなかった」というものでした。

普通に考えれば、キャリア選択の場面では徹底的なリサーチを行うのが当たり前の話。もし友人から「直感で転職先を選んだ」などと言われたら、誰もが「もっと下調べをしなさい」とアドバイスするでしょう。

が、いざ自分のことになると、なぜか私たちは十分なリサーチを怠りやすくなります。

ヘッドハンターたちの証言によれば、転職先の企業に「業績はどのように査定していますか？」や「仕事の裁量権はどれぐらい確保されていますか？」といった質問をぶつけた人はかなりの少数派だったとか。彼らが「もはや十分な情報を手に入れた」と判断したのか、

はたまた「もう自分の進路は間違いない」と思い込んでしまったのかは定かではないものの、どうやら多くの人は、「適職選び」という人生の一大事においても、意外なほど広い視野を維持できない傾向があるようです。

視野狭窄はどんな優秀な人間にも起きる

ハーバード・ビジネススクールの研究チームは、他にも視野狭窄の定番パターンを３つ挙げています。

◉お金に釣られる

給料アップにひかれて転職を決めて、それだけしか考えられなくなるケース。収入が増えたのはいいが、前職でつちかったコネを失うパターンがよく見られる。

◉「逃げ」で職を決める

現在の仕事に不満が募り、「将来のために」ではなく逃避で職を転々とするケース。いまの会社を改善する可能性には思いがいたらないため、最終的に収入も下がることが多くなる。

◉自信がありすぎる、またはなさすぎる

自己評価がやたらと高いせいで「私はどのような会社でもやっていける」や「いまの会社には問題がある」などと断定してしまい、実は自分のほうに問題がある可能性や現状のありがたみに思いが行かないケース。または、逆に自信がなさすぎるせいで、「あんな会社は自分に向かない」と決めつけて、より良い可能性から自らを遠ざけるケースも定番。

いずれのパターンにせよ、仕事探しの一部のポイントにしか目が向かず、さまざまな選択肢が頭から抜け落ちています。脳内が黒か白かの二択だけになり、もっと良い可能性を考えられない状態です。

視野狭窄のせいで選択を間違える現象はあらゆるシチュエーションに存在し、この問題は、どれだけ頭が良い人でも避けられません。

オハイオ州立大学が一流企業で働くCEOやCOOを調べた研究では、彼らが行ったさまざまな選択を168件ほど集め、「新たなビジネスモデルを採用すべきかどうか？」や

「他の企業から優秀な人材を引き抜くか？」といった意思決定が成功に終わったかどうかをチェックしました。[3]

その結果は驚くべきものでした。意思決定の際[redacted]つ以上の選択肢を吟味したビジネスパーソンは29％だけで、たいていは「優秀な人材を引き抜くか引き抜かないか」や「あらたなデザインを採用するか採用しないか」といった二択でしかものごとを考えていなかったのです。

当然、そんな雑な選択がうまくいくはずもありません。データによれば、二択だけで意思決定をした場合の失敗率は52％なのに対し、[redacted]つ以上の選択肢を用意した場合の失敗率は32％まで下がっています。

これらの調査から私たちが得られる教訓は、とてもシンプルです。

◉ 私たちは、仕事選びについてもっと徹底的に考え抜くべきである

なんとも平凡な結論のようですが、すでに見たとおり、多くの人は職業選択の場面です

ら驚くほど視野が狭くなります。逆に言えば、これから本書がお伝えしていく〝科学的に正しい仕事選びの考え方〟を実践さえすれば、「キャリア選択の失敗」の確率は確実に減らせると言えるでしょう。

人間の脳は職業選択に向いていない

では、なぜこと職業選択という重大な場面において、私たちの視野は狭窄してしまうのでしょうか？

幸いにも近年では職業選択に関する研究が進み、多くの論文がこの問題の答えをあきらかにしてきました。すべての知見をまとめると、私たちがキャリア選びを間違える理由は大きく2つに分かれます。

❶人類の脳には、職業を選ぶための「プログラム」が備わっていない

❷人類の脳には、適職選びを間違った方向に導く「バグ」が存在している

第一に、私たち人類には、そもそも自分に適した仕事を選ぶための能力が備わっていません。なぜなら「職業選び」とは、現代になってから初めて浮かび上がってきた問題だからです。

それもそのはずで、人類史の大半において、人間は職業選択の自由とは無縁の暮らしをしてきました。

たとえば、あなたが原始時代に生まれていたら部族の一員として狩りに精を出すしか生きる道はありませんし、江戸時代に生まれれば世襲制のしくみに従って親の仕事を継いでいたでしょうし、中世ヨーロッパに生を受けたらかなりの確率で農奴として一生を終えたはずです。人が職業を選べるようになったのはヨーロッパで能力主義の考え方が進んだ19世紀に入ってからのことですから、人類は歴史の9割以上を「仕事選び」に悩まずに暮らしてきたことになります。

そのせいで人類の脳には、「複数に分岐した未来の可能性」をうまく処理するための能力が進化しませんでした。

大学に残って勉強を続けるべきだろうか？　子供の頃に憧れた弁護士になるために精進するか？　地元のコミュニティで堅実な職を探した方がいいのだろうか？　それとも、好きなことを仕事にすべく起業の資金を貯めるべきか？

このような現代的な悩みに私たちの脳は適応していないため、大量の選択肢を前にした人の多くは不安や混乱の感情に襲われます。

特に最近は終身雇用が崩壊したうえに、「人生100年時代」や「ロールモデルがない時代」などの言葉がささやかれ、これからは年齢に応じて複数の仕事を経験するのが当たり前になるとまで言われます。せっかく適職を見つけたと思ってもそのまま働き続けられるとは限らず、人生のステージに合わせたキャリアを一生考えつづけねばならないといった風潮が強くなれば、いよいよ迷いは深まるばかりでしょう。人類にとっていまの状況は、見知らぬ土地にひとりで放り出された幼子さながらです。

そしてもうひとつの問題が、人類の脳に備わった「バグ」の存在です。くわしくはステップ4（196ページ）から説明しますが、誰の頭のなかにも大量の「バグ」が生まれつき住みついており、そのせいで私たちは、人生の重要な選択を高い確率で間違えてしまうことがわかっています。

偏見、思い込み、思考の歪み、不合理性――。

バグの呼び名は様々ですが、いずれにおいても人間の脳には生得的なエラーが存在し、大事な場面でいつも同じような過ちを犯すようにできているのです。職探しにまつわる失敗例をいくつかあげましょう。

●**「ひとつの転職エージェントや友人の紹介だけをもとに転職を決めたら、まったく社風になじめない会社だった」**

何かを決める際に、手軽で新しい情報だけに頼ってしまうのは、人間が持つ定番のバグのひとつです。ヒトの脳には難しい決断をできるだけ避けようとする心理傾向が備わっており、専門的には「利用可能性ヒューリスティック」と呼びます。

●**「就職した企業が自分に合っていないのに、『転職しても改善するとは限らないし……』などと考えてしまい、いつまでもダラダラと居座ってしまう」**

あきらかに現状を変えたほうがいいにも関わらず「いまのままでいたい……」と思ってしまうのも人間の基本的な心理です。これは「現状維持バイアス」と呼ばれ、良い就職のチャンスを逃してしまう原因になります。

●**「憧れの会社に入ったまではよかったが、時間が経つうちに『もっと良い仕事があるのではないか?』と思えてきた」**

どんなに夢にみた仕事に就こうが、長期間にわたって同じ喜びが続くはずはありません。にも関わらず、大抵の人は夢がかなった後の感情を高く見積もりすぎ、結果として大きな落胆を味わうことになります。これは「インパクト・バイアス」と呼ばれるバグの一種です。

当たり前ですが、就職や起業の行く末を完全に見抜くのは不可能ですし、最終的には実際に仕事を始めてみないと実態がわからないケースも多いでしょう。が、一方では、事前に少しリサーチや分析の量を増やしただけでも、これらの失敗が起きる確率をかなりのところまでふせげたのも事実。このバグの問題もまた、あなたの将来を誤らせる大きな論点のひとつです。

以上のポイントをふまえた上で、本書が目指すゴールは、**みなさんの仕事選びにおける意思決定の精度を高め、正しいキャリアを選び取る確率を上げ、最終的に「人生の後悔」を限界まで減らすこと**です。

なかには「安定した仕事や儲かる仕事を見抜く方法を教えてほしい」「面接や自己アピールの方法を学びたい」といった即効性の高いテクニックを求める方も少なくないでしょうが、この本が取り組むのは、それよりもっと手前の問題になります。

◉ **後悔の少ない意思決定をするにはどうしたら良いのか？**
◉ **私たちに本当の喜びをもたらす働き方とは何か？**
◉ **「人生の選択」という正解のない悩みにどうやって答えを出せばいいのか？**

　これらのベーシックな問いに取り組まない限り、どのようなキャリアアドバイスも表面的なものに終わりかねません。ヒトの根本的なメカニズムを押さえずに目先の助言だけを求めるのは、病気の原因を知らずに薬やサプリを飲み続けるようなものだからです。

正しい職業選択のための5ステップ「ＡＷＡＫＥ」

　それでは、私たちはこの問題をどう解決すべきなのでしょうか？　人類が生まれつき持つハンディキャップを乗り越えて、少しでも正しい意思決定を行うためにはどうすればいいのでしょうか？
　本書の執筆にあたり、これまで筆者がサイエンスライターとして読了してきた10万本の科学論文と、６００人を超える海外の学者や専門医に行ったインタビューから特に職業選択や人間の幸福や意思決定に関するものをピックアップ。さらに追加の調査として、組織心理学や経済学などのジャンルから国内外を問わず数千の研究論文を集め、人間の幸福や意思決定にくわしいエキスパート約50名に「適職を選ぶポイントとは？」といった質問を重ねました。

念のためご説明しておくと、ここで言う「適職」の定義とは、

◉あなたの幸福が最大化される仕事

を意味します。すなわち、毎日のタスクを通して生活の満足感が上がり、喜びを感じる場面が増え、悲しみや怒りなどのネガティブな感情を減らしてくれるような仕事のことです。「適職」というと一般には、単に「自分の才能が発揮できる仕事」や「好きなことができる職場」のようなイメージがありますが、本書ではこれらの定義は採用しません。

当然の話でしょう。「向いている仕事がわからない」「転職先になじめるか心配」「好きを仕事にしたいが踏み出せない」などの悩みは、せんじつめればすべて「不幸になりたくない」「幸せに暮らしたい」という欲望が根っこにあるはず。いかに憧れの会社に入ろうが、才能を生かせる仕事を選ぼうが、その結果不幸になってしまったらどうにもなりません。

そこで本書では、複数のデータから「幸福な仕事選び」に役立つ可能性が高いテクニックだけを抜き出し、バラバラだった知見をひとつの大きな流れにまとめ、5つのステップとして体系化しました。

結果として生まれたのが、次のような戦略です。

ステップ1　幻想から覚める（Access the truth）

手始めに、世間でよく聞くキャリアアドバイスの真偽を検討し、職業選択で陥りがちな幻想から目を覚ましていきましょう。具体的には、「好きを仕事にしよう！」や「適性に合った仕事を探そう！」といった主張が正しいのかどうかをチェックしていきます。

ステップ2　未来を広げる（Widen your future）

私たちのキャリア選択を誤らせる〝最大の原因〟を特定し、その問題を克服すべく「人間が本当に幸福を感じる仕事とは何か？」について学びます。仕事選びに関するあなたの視野を広げるのが、このステップの最大のポイントです。

ステップ3　悪を取り除く（Avoid evil）

ステップ2に続いて、今度は「人間を不幸に追いやる職場の条件とは？」という問題を考え、人生からできるだけ困難を取り除く方法をチェック。そこからさらに、数ある人生の選択肢から最適なものを選ぶためのツールを紹介します。

ステップ4　歪みに気づく（Keep human bias out）

人間の脳に巣食う「バグ」を探し出し、自分の意思決定が間違った方向に進んでいないかどうかを確かめるステップです。「プレモータム」や「イリイスト転職ノート」といったバグフィックスの手法を学んでいきます。

ステップ5　やりがいを再構築する（Engage in your work）

最後に、「あなたの仕事選びはどこまで正しかったのか？」や「仕事にやりがいを持つにはどうすればいいのか？」などのポイントを押さえ、「仕事満足度尺度」や「ジョブクラフティング」という技法で日々の幸福度を上げていきます。

以上の流れを、本書ではそれぞれの頭文字をつなげて「AWAKE（アウェイク）」と呼びます。このステップを順に追うことであなたの人生の選択がより正解に近づき、**「真に幸福な仕事」への目覚め（AWAKE）**がうながされるようにデザインしました。

といっても、必ずしも「AWAKE」を先頭からこなす必要はなく、状況に応じて適当なステップに取り組んでいただいても構いません。すでにある程度まで仕事の候補が絞り込まれているならステップ3の「意思決定ツール」から手をつけてもいいですし、もし現時点で「このまま同じ職場にいていいのだろうか？」と悩んでいるなら、いきなりステップ5の「仕事満足度尺度」などから始めてもいいでしょう。

いずれにせよ「AWAKE」を使う最大の目的は、

❶ 意思決定の精度を上げて正しい仕事を選ぶ
❷ 正しい仕事を通して人生の幸福度を上げる

の2つのみ。この最終ゴールさえ間違わなければ、「AWAKE」を実践することにより、あなたの人生は確実に良い方向に向かうはずです。
それでは、最初のステップに移りましょう。

〈ステップ1〉

幻想から覚める

――仕事選びにおける7つの大罪

STEP 1

Access the truth

「20代の頃より
10倍金持ちになったと言う
60代の人間を見つけるのは簡単だが、
そのうちの誰もが
10倍幸せになったとは言わない」

バーナード・ショー（1856-1950）
アイルランドの劇作家
George Bernard Shaw
Dramatist, Ireland

仕事選びで陥りがちな「幻想」

スティーブ・ジョブズは本当に「好きを仕事に」していたか？

「たまらなく好きなことを見つけてください。これは仕事についても恋愛についても同じです。仕事は人生の大きな一部であり、そこから深い満足を得るには心から最高だと信じられる仕事に就くしかありません。そして偉大な仕事をする唯一の方法は、自分の仕事を愛することです。もし好きなことがないなら、探し続けてください」

故スティーブ・ジョブズが、2005年にスタンフォードの卒業式で語った有名な一節です。「好きを仕事に！」という考え方を世に知らしめた、伝説的なスピーチと言えるでしょう。

なんとも心を動かされる内容ですが、しかしこの言葉には大きな難点があります。それは、ジョブズ自身が決して好きでエレクトロニクスの道に進んだわけではない、というポイントです。

確かに幼いころからテクノロジーに親しむだけの頭脳はあったものの、そもそもジョブズがエレクトロニクス業界に入ったのは、「楽して金を儲けられる」という広告を雑誌で目にしたからでした。しかも、テクノロジーよりもスピリチュアルが好きだったジョブズは、間もなくアタリ社を辞めてインドへ修行の旅に出ていますし、アップルを創業したのもエレクトロニクスへの愛が動機ではなく、ウォズニアックが発明した「アップル1」にビジネスの臭いを嗅ぎ取ったからです。

もしジョブズが心から好きなことを仕事にしていたら、スピリチュアルの指導者にでもなっていたはず。後年のジョブズがアップルの仕事を愛していたのは事実でしょうが、そのはじまりはあくまで打算的なものだったようです。

同じような事例は非常に多く、もし歴史上の偉人たちが好きなことを仕事にしていたら、ゴッホは聖職者として一生を終えたでしょうし、ココ・シャネルは売れない歌手のまま活動を続け、ナポレオンは無名の小説家だったかもしれません。個人の経験や嗜好にもとづくアドバイスには、いくらでも例外が見つかるものです。「はじめに」でも言及したように、いかにすごい成功者のアドバイスだろうが、あなたに合っているとは限りません。

仕事選びにおける7つの大罪

かくも成功者たちの体験談にあふれたキャリアアドバイスの世界で、私たちはどのように正しい選択肢を選ぶべきでしょうか？　主観に満ちた助言の山のなかから、あなたの幸福を最大化してくれるような仕事をいかに探せばいいのでしょうか？

そんな状況でまず行うべきは、**仕事選びの場面で誰もがハマりがちな定番のミスを知っておくこと**です。多くの人がやりがちな間違いを事前に押さえておけば、少なくとも大きな失敗はふせげます。

それでは、仕事選びでやりがちなミスとはどのようなものでしょうか？　現時点で多くの研究が「人間の幸福とは関係ない仕事の要素」について信頼性の高い答えを示しており、まとめると大きく7つに分けられます。

❶好きを仕事にする
❷給料の多さで選ぶ
❸業界や職種で選ぶ
❹仕事の楽さで選ぶ
❺性格テストで選ぶ
❻直感で選ぶ
❼適性に合った仕事を求める

いずれもよく見かけるアドバイスですが、残念ながら、これらの行動はすべて大間違い。短期的には喜びの感覚を与えてくれても、長期的な人生の満足度にはなんの関係もないどころか、ヘタをすればあなたを不幸に落とし込みかねません。いわば「仕事選びにおける7つの大罪」です。まずはこれらのポイントを押さえ、私たちに間違った夢を見せる幻想を壊していきましょう。

〘大罪1〙好きを仕事にする

好きを仕事にしても幸福度は上がらない

「好きなことを仕事にしよう！」

現代のキャリアアドバイスで、もっともよく聞くのはこれでしょう。先述のとおりジョブズのスピーチで爆発的に広まった考え方ですが、似たような発想は古くから存在しており、すでに紀元前5世紀には、孔子が「自分の愛することを仕事にすれば、生涯で1日たりとも働かなくて済む」との言葉を残しています。

多くの日本人が、このアドバイスにひかれるのは無理からぬところでしょう。ギャラップ社が139カ国の企業に行った調査によれば、「熱意を持って仕事に取り組んでいる」と答えた日本人は全体の6％だけだったと言います。逆に「やる気がない」という回答は70％にものぼっており、この数字は世界で132位の最下位クラスです。そんな状況下では、「大好きなことを仕事にしたい、そうすれば満足できる働き方ができるはず」と思うのは自然なことです。

しかし、だからといって好きを仕事にすれば万事解決かと言えば、そう簡単にはいきません。**多くの職業研究によれば、自分の好きなことを仕事にしようがしまいが最終的な幸福感は変わらないからです。**

2015年、ミシガン州立大学が「好きなことを仕事にする者は本当に幸せか？」というテーマで大規模な調査を行いました。[1]数百を超える職業から聞き取り調査を行い、仕事の考え方が個人の幸福にどう影響するかを調べたのです。

研究チームは、被験者の「仕事観」を2パターンに分類しました。

- **適合派**：「好きなことを仕事にするのが幸せだ」と考えるタイプ。「給料が安くても満足できる仕事をしたい」と答える傾向が強い
- **成長派**：「仕事は続けるうちに好きになるものだ」と考えるタイプ。「そんなに仕事は楽しくなくてもいいけど給料は欲しい」と答える傾向が強い

一見、適合派のほうが幸せになれそうに見えます。自分が情熱を持てる仕事に就ければ毎日が楽しく、金目当てに働くよりも人生の満足度は高まりそうな気がするでしょう。

ところが、結果は意外なものでした。**適合派の幸福度が高いのは最初だけで、1〜5年の長いスパンで見た場合、両者の幸福度・年収・キャリアなどのレベルは成長派のほうが高かったからです。**

研究チームは、「適合派は自分が情熱を持てる職を探すのがうまいが、実際にはどんな仕事も好きになれない面がある」と言います。

いかに好きな仕事だろうが、現実には、経費の精算や対人トラブルといった大量の面倒が起きるのは当然のことです。ここで「好きな仕事」を求める気持ちが強いと、そのぶんだけ現実の仕事に対するギャップを感じやすくなり、適合派のなかには「いまの仕事を本当に好きなのだろうか？」といった疑念が生まれます。その結果、最終的な幸福度が下がるわけです。

一方で成長派は、仕事への思い入れがないぶんだけトラブルに強い傾向があります。もともと仕事に大した期待を持たないため、小さなトラブルが起きても「仕事とはこんなものだ」と思うことができるからです。

好きを仕事にするとスキルも伸びない

オックスフォード大学が行った別の研究では「好きを仕事にした人ほど長続きしない」との結論も出ています。[2]

こちらは北米の動物保護施設で働く男女にインタビューを行った調査で、研究チームは被験者の働きぶりをもとに3つのグループに分けました。

◉ **好きを仕事に派**：「自分はこの仕事が大好きだ！」と感じながら仕事に取り組むタイプ
◉ **情熱派**：「この仕事で社会に貢献するのだ！」と思いながら仕事に取り組むタイプ
◉ **割り切り派**：「仕事は仕事」と割り切って日々の業務に取り組むタイプ

その後、全員のスキルと仕事の継続率を確かめたところ、もっとも優秀だったのは「割り切り派」でした。一見すれば情熱を持って仕事に取り組むほうがよさそうに思えますが、実際には「仕事は仕事」と割り切ったほうが作業の上達が速く、すぐに仕事を辞めない傾向があったわけです。

このような結果が出た理由は、先に見たミシガン州立大学の研究と同じです。
もし好きな仕事に就けて最初のうちは喜びを感じられたとしても、現実はそこまで甘くありません。どんなに好きな仕事でも、顧客のクレーム処理やサービス残業のような面倒ごとは必ず発生するものです。

すると、好きなことを仕事にしていた人ほど、**「本当はこの仕事が好きではないのかもしれない……」**や**「本当はこの仕事に向いていないのかもしれない……」との疑念**にとりつかれ、モチベーションが大きく上下するようになります。結果として、安定したスキルは身につかず、離職率も上がってしまうのです。

仕事への情熱は自分が注いだリソースの量に比例する

「好きを仕事に」と並んでよく聞くのが、「情熱を持てる仕事を探しなさい」というアドバイスでしょう。誰のなかにも仕事への熱い思いが眠っており、あとはその情熱に火を点けてくれる職、つまり天職を探すだけだ、というわけです。

良く言えば夢のある発想ですが、これまたデータとは相容れません。というのも天職とは、どこか別のところにあるものではなく、自分のなかで養っていくものだからです。

くわしく説明しましょう。2014年にロイファナ大学が多数の起業家にアンケートを行い、それぞれが「いまの仕事をどれだけ天職だととらえているか?」を尋ね、「仕事に投入している努力の量」や、「毎日どれだけワクワクしながら働けているか?」といったポイントをチェックしました。[3]

その結果わかったのは、次のような事実です。

● いまの仕事に対する情熱の量は、前の週に注いだ努力の量に比例していた
● 過去に注いできた努力の量が多くなるほど、現時点での情熱の量も増加した

被験者のなかで、最初から自分の仕事を天職だと考えていた人はほぼいませんでした。最初のうちはなんとなく仕事を始めたのに、それに努力を注ぎ込むうちに情熱が高まり、天職に変わった人がほとんどだったのです。

このような現象は、仕事以外の場面でもおなじみでしょう。もしあなたが高価なフィギュアをコレクションしていたら、お金を使ったぶんだけ愛着が増し、何があっても手放せ

ない気分になるはずです。その他にも、大金をつぎ込んだパチンコ台ほど離れにくくなったり、楽器を練習するほど音楽が楽しくなったりと、似たような例はいくらでもあります。

要するに「情熱を持てる仕事」とは、この世のどこかであなたを待っている献身的な存在ではありません。**その仕事に情熱を持てるかどうかは、あなたが人生で注いだリソースの量に比例するのです。**

ジョージタウン大学のカル・ニューポートは、自分の仕事を「天職」だと考えている人たちにインタビューを行った結果、こんな結論にたどり着いています。[4]

「天職に就くことができた人の大半は、事前に『人生の目的』を決めていなかった。彼らが天職を得たのは、ほとんどが偶然の産物だったのだ」

仕事の種類や内容は、あなたの適職探しに影響を与えません。逆に言えばどのような仕事だろうが、あなたにとっての適職になり得るわけです。

真の天職は「なんとなくやってたら楽しくなってきた」から見つかる

以上の研究からわかるのは、「情熱は後からついてくるものだ」というポイントです。「仕事への情熱」とは自分の内にたぎる熱い感情などではなく、「なんとなくやってたら楽しくなってきた」といった感覚から始まる穏やかなプロセスだと言えます。

このような情熱のあり方を、心理学では「グロウス・パッション」と呼びます。「本当の情熱とは、何かをやっているうちに生まれてくるものだ」という考え方のことです。

グロウス・パッションの有効性を示したデータとしては、イェールNUS大学の研究が有名でしょう。[5]研究チームは学生を対象に全員のグロウス・パッションを確かめ、そのうえでブラックホールの理論を解いた難しい論文を読むように指示しました。

そこでわかったのは、グロウス・パッションを持つ人は、たとえ興味がないものごとにも熱心に取り組むことができる、という事実です。「情熱は何かをやっているうちに生まれてくるものだ」との思いが強い被験者ほど、難しい論文を最後まで読みとおす確率が高かったのです。

当然の話でしょう。「情熱は自分のなかに眠っている」と考えていれば、少し気に食わない作業なだけでも「これは違う、自分には合わない」と思いやすくなり、そのぶんだけ簡単に心が折れてしまいます。

他方で「情熱は自ら生み出すものだ」と考えていれば、最初のうちは困難に思えた作業に対しても「もう少し続ければ別の可能性が見えるかもしれない……」のような感覚がわき、ちょっとのトラブルにも負けずに取り組むでしょう。

「やってたら楽しくなってきた」というのは受け身な態度のようにも思えますが、実際は、天職との出会いを待っている人のほうがよほど消極的だと言えるでしょう。

「好きを仕事に！」や「情熱を持てる仕事を探せ！」は、かように多くの実験で否定されたアドバイスであり、人生の満足度を高めるソリューションにはなりません。「好きを仕事に」の元祖である孔子にしても、結局は望んだ政治の世界で能力を発揮できず、晩年は「海外にでも行こうか……」などと嘆き節を残したのは有名な話です。

それでもこの手のアドバイスが消えないのは、市場規模が大きいという面が大いに影響しているのでしょう。

もちろん、なかには純粋な善意だけでアドバイスをしている人もいるでしょうが、「好きなことを仕事にすればうまくいく」という考え方は直感的でわかりやすいため、それだけに支持する人間の数も増えます。ならば、わざわざ夢を壊すようなデータは見せずに甘い言葉をささやき続けたほうがビジネスとしては安定しやすいはずです。

〘大罪2〙給料の多さで選ぶ

お金で幸せはどこまで買えるか?

どうせ働くなら誰でもお金は欲しいもの。収入の多さで仕事を選びたくなるのは自然なことですし、「とりあえず給料が高い求人から優先的に探す」という人も少なくないでしょう。

ところが、こちらも幸福度アップの点では問題があります。**給料が多いか少ないかは、私たちの幸福や仕事の満足度とはほぼ関係がないからです。**

代表的なのは、フロリダ大学などが行ったメタ分析でしょう。[6]

メタ分析とは、過去に行われた複数の研究データをまとめて大きな結論を出す手法のことです。大量のデータを分析するぶんだけ精度も高くなるため、数ある研究手法のなかでも、現時点でもっとも正解に近い結論を出すことができます。

フロリダ大学のメタ分析は「お金と仕事の幸福」について調べた先行研究から86件を精査した内容で、アメリカ、日本、インド、タイなどのあらゆる文化圏から集めたデータを使っています。お金と幸福に関する調査としては、現時点でもっとも精度の高い結論と言えるでしょう。

その結果は次のようなものです。

◉給料と仕事の満足度は「r=0・15」の相関係数しかない

相関係数は2つのデータの関係を表す指標で、この数が1に近いほど関係が強いとみなされ、多くの場面では0・5以上の値を取れば「関係がある」と判断されます。

一例をあげると、多くの人が生まれつきの性格に沿った行動を取りやすいのは当然の話でしょう。内向的な人は積極的にパーティには参加しないでしょうし、好奇心が強い性格に生まれた人は海外旅行や美術展などへ積極的に出向くはずです。

両者の関係性を調べた研究によれば、性格と行動の長期的な相関係数は0・9でした。[7]「人は性格どおりの行動を取る」という考え方は実に当たり前なだけに、やはり実際にも高い数値を弾き出すわけです。

これに比べると0・15という数値はかなり小さく、統計的には「ほぼ無関係」と言えるレベルです。日常的な言葉で言い換えれば「給料が高くなれば仕事の満足度はほんの少しだけ上がるかもしれないものの、現実的にはまず意味がない」ぐらいの意味になるでしょう。「金で幸せは買えない」とは言い古されたフレーズですが、科学的にはまぎれもなく真実だったようです。

お金を稼ぐより600%も手軽に幸せになれることとは?

もう少しわかりやすい比較をしてみましょう。

経済学の世界では、「お金から得られる幸福」と「その他のライフイベントから得られる幸福」のレベルを比べる研究が過去に何度か行われています。[8] たとえば収入アップと結婚の幸福を比べた場合に、どちらのほうが私たちを幸せにしてくれるのかを比較したわけです。

具体的な結論をいくつか紹介します。

●仲が良いパートナーとの結婚から得られる幸福度の上昇率は、収入アップから得られる幸福より767%も大きい(年収が平均値から上位10%に上昇した場合との比較)

●健康レベルが「普通」から「ちょっと体調がいい」に改善したときの幸福度の上昇率は、収入アップから得られる幸福より6531%も大きい(年収が平均値から上位1%に上昇

した場合との比較)

◉離婚や失職による幸福度の低下率は、年収が3分の2も減ったときの幸福度の低下に匹敵する

つまり、がんばって世間でもトップクラスの年収を稼ぎ出したとしても、良いパートナーとめぐりあう喜びや、健康の改善による幸福度の上昇レベルにははるかに及びません。お金を稼いで幸福を目指すなら、まずは人間関係や健康の改善にリソースを注ぐほうが効果は大きいわけです。

年収400〜500万からの幸福度アップは費用対効果が悪い

「年収800万円が幸福度のピーク」との説を聞いたことがある人は多いでしょう。

ノーベル賞受賞者であるダニエル・カーネマンの研究で有名になった事実で、あらゆる

職種の年収とメンタルの変化を調べると、およそ年収が８００〜９００万に達した時点で幸福度の上昇は横ばいになります。これは世界中どこでも見られる現象で、アメリカでも日本でも幸福になれる金額の上限はさほど変わりません。

もっとも、この数字はあくまで「それ以上はいくら稼いでも幸福度がほぼ変わらなくなる」最大値を示したものであり、現実的にはもっと手前から幸福度は上がりにくくなります。

たとえば、令和元年に内閣府が発表した「満足度・生活の質に関する調査」では、１万人を対象に世帯年収と主観的な満足度の変化を比べました。[9]

- ●「１００万円未満」5・01点
- ●「１００万円〜３００万円未満」5・20点
- ●「３００万円〜５００万円未満」5・68点
- ●「５００万円〜７００万円未満」5・91点
- ●「７００万円〜１０００万円未満」6・24点
- ●「１０００万円〜２０００万円未満」6・52点
- ●「２０００万円〜３０００万円未満」6・84点

● 「3000万円〜5000万円未満」6・60点
● 「5000万円〜1億円未満」6・50点
● 「1億円以上」6・03点

世帯年収300万〜500万円のあたりから満足度の上昇が鈍り始め、1億円に達しても大した数値の変化が見られていません。カーネマンの研究とは指標が違うため単純な比較はできませんが、日本においても世帯年収が300万〜500万円を過ぎたあたりから、急に満足度が上がりにくくなるようです。

また、日本をふくむ世界140か国の収入と幸福度の相関を計算した研究では、こんな結論も得られています。[10]

● 年収が400〜430万円を超えた場合、そこからさらに幸福度を5%高めるには追加で年に400〜430万円が必要になる

つまり、すでにあなたが年に400万円を稼いでいるなら、もし年収が倍になったとし

てもほんのちょっとしか幸福度は上がらない可能性があるわけです。

もちろん現在の日本人の年収は約350～360万円ぐらいが中央値なのでもう少しのびしろがありますし、各国で税負担の割合やインフレ率などが異なるため、これらの数値は必ずしも正確だとは言えません。さらに細かいことを言えば地域によっても生活コストは変わるため、大都市と地方でも上限は変わるでしょう。

とはいえ、多めに見ても**私たちの幸福度が年収400～500万のあたりから上昇しづらくなる可能性は高い**と言えます。おおまかな参考にしてください。

給料アップの効果は1年しか続かない

「お金で幸せが（ある程度までしか）買えない」のには、大きく2つの理由があります。

❶お金を持つほど限界効用が下がる

❷お金の幸福は相対的な価値で決まる

「限界効用」は経済学で使われる概念で、モノやサービスが増えるほどそこから得られるメリットが下がってしまう現象を表したものです。

何も難しい話ではなく、どれだけ好きなケーキでも本当に美味しいのは最初の一個だけで、矢継ぎ早に2個、3個と食べていけば、やがて味もわからなくなっていくでしょう。この状態を、ちょっと難しく「限界効用が下がった」と表現しただけです。限界効用の低下はどの文化圏でも見られる現象で、私たちはいくら贅沢をしようがすぐに慣れてしまい、幸福度はもとのベースラインにもどります。

また、年収に限って言えば、給料アップによる幸福度の上昇は平均して1年しか続きません。

3万3500件の年収データを分析したバーゼル大学の調査によれば、たいていの人は給料がアップした直後に大きく幸福度が上がり、その感覚は1年まで上昇を続けます。しかし、給料アップの効果が得られるのはそこまでで、1年が過ぎた後から幸福度は急降下を始め、それから3年もすればほぼもとのレベルまでもどっていくようです。[11] 給料から得られる喜びは実に短命です。

そしてもうひとつ、お金から得られる幸福は相対的に決まりやすい、という問題もあります。年収アップの喜びとは、給与明細の絶対額ではなく他人がもらう給料との比較で決まるのです。

たとえば、もしあなたが百万長者だったとしても、周囲が億万長者ばかりだったら幸福度は上がりません。苦労して高価な腕時計を買ったとしても、友人がより高い腕時計を持っていれば、そこから得られる幸福感は低下します。これは心理学で「ランク所得説」と呼ばれる現象で、8万を超す観察研究で何度も確認されてきました。[12]「他人と自分を比べるな！」とはよく聞くアドバイスですが、どうしても周囲の様子をうかがいたくなるのは人間の本能のようです。

もちろん、以上の話をもって「給料で仕事を選ぶな！」と主張したいわけではありません。まったく条件が同じ仕事があれば収入が多い職を選ぶべきですし、少なくとも年収８００～９００万まではジリジリと幸福度は上がり続けるのだから、そこにリソースを投入して生きるのもまた人生でしょう。

が、劇作家のバーナード・ショーも言うように、「20代の頃より10倍金持ちになったと言う60代の人間を見つけるのは簡単だが、そのうちの誰もが10倍幸せになったとは言わない」はずです。年収アップだけを追いかける人生は、どうしても費用対効果が低くなってしまいます。

それならば、数パーセントの幸福度を上げるためにあくせく働くのをやめて、最低限の衣食住を満たしたあとは空き時間を趣味に費やすというのもひとつの生き方でしょう。すべてはあなたの選択次第です。

大罪3　業界や職種で選ぶ

専門家の予想精度はチンパンジーのダーツ投げと同じ

好きな業界や職種から仕事を選ぶのも、キャリアチョイスの世界ではよく見かける光景でしょう。「これからはフィンテックが伸びるだろう」や「キャッシュレス決済が来ているな……」のように有望そうな業種で選んだり、シンプルに「なんとなく興味があるから」や「楽しそうだから」といった個人的な興味で仕事を選ぶパターンです。衰退しそうな業界よりは将来が安心な業界、興味がない職種よりは関心の持てる職種に就きたいと思うのは当然です。

が、この考え方が誤りなのには、2つの理由があります。

❶ 専門家だろうが有望な業界など予測できない
❷ 人間は自分の個人的な興味の変化も予測できない

第一の問題は、専門家の予測がまったく当てにならない点です。

確かに「業界の未来予測」にはつねに一定の需要があり、少し探せば「伸びる業界と沈む業界はこれだ！」や「ＩＲを参考に有望な会社を選ぶ方法」といった情報がいくらでも見つかるでしょう。なかにはマッキンゼーやオックスフォードといったそうそうたる機関の未来予測も存在し、私たちの気持ちを揺さぶってきます。

ところが、これら専門家の予想は基本的に当たりません。**どれだけ知名度のあるエキス**

パートだろうが、予想の精度はコイン投げと変わらないのです。

その点でもっとも有名なのは、ペンシルバニア大学のデータでしょう。[13] 研究チームは、1984年から2003年にかけて学者、評論家、ジャーナリストなど248人の専門家を集め、3〜5年後の経済や企業の状況、政治などがどうなっているかを予想させました。専門家の予想が正しいのかどうかを調べた研究としては、現時点でもっとも精度が高い内容です。

最終的に集まった28000超の予測データをすべてまとめたところ、結果は「専門家の予想はほぼ50%の確率でしか当たらない」というものでした。

著者のフィリップ・テトロックは、この状況を「専門家の予測はチンパンジーのダーツ投げと同じ正確性しかない」と表現しています。それだけ私たちは、未来の予測が苦手なのです。

「10年後の仕事はこうなる!」はどこまで本当か?

クリントンやブッシュ政権で国防の任務についたリントン・ウェルズも、2009年に発表した文書のなかで専門家の未来予測を皮肉っています。

当時のアメリカ議会は定期的に今後20年の予測を立てており、未来の経済や政治の状況をつかむために多大な税金を投入していました。この事態にいきどおったウェルズは、1900年から現代にいたるまでの歴史の流れをまとめ、いかに未来予測が当てにならないかを指摘したのです。

たとえば、こんな具合です。

●1980年ごろアメリカは歴史上で最大の債権国であり、誰もがその状態が続くと考えていた

●1990年代、今度はアメリカは史上最大の債務国に変化。ほとんどの人はインターネットの存在を知らず、物質経済の成長がそのまま続くと思われた

●10年後、情報やバイオテクノロジーなどの分野で革命が起き、産業はさらに予測不可能になった

どんな専門家でも3年先の未来すらまともに見抜けないのだから、10年単位のスパンで経済や企業の変動を見抜くことができる人などこの世に存在しません。いまとなっては信

じがたいものの、1980から1990年代にかけては、多くのエキスパートが「日本はすぐ世界経済のトップになる」と予測していたのは有名な話です。「10年後の仕事はこうなる！」や「未来の働き方はこう変わる！」といった主張を信じるのは自由ですが、未来の経済や企業の動向を正しく予測できるような人も手法も存在しないのは間違いありません。

私たちは自分の変化すら正しく予想できない

あなたがいま興味のある業種や職種に就こうとするのも、問題の大きい考え方です。専門家の未来予想が当てにならないように、あなたが自分自身の将来にくだす予測もまた当てにならないからです。

一例として、ハーバード大学などが行った大規模なリサーチを見てみましょう。[14] 研究チームは18〜68歳までの男女19000人以上を集め、まずは各自の好きな人のタイプや好きな趣味、お気に入りの職業といった幅広いポイントを調べ上げました。そのうえで、被験者に2つの質問をしています。

❶「今後10年であなたの価値観や好みはどこまで変わると思いますか?」
❷「過去10年であなたの価値観や好みはどこまで変わりましたか?」

これらのデータセットを照らし合わせたところ、人間の好みの変化には一貫した傾向が認められました。18〜68歳までのどの年齢を取ってみても、ほぼすべての被験者が、10年のあいだで自分の身に起きる変化を過小評価していたのです。

たとえば、あなたが18歳のころに「将来は喫茶店をやりたい」と考えていたとしても、28歳まで同じ希望を保ち続けているかどうかの予測は不可能です。さらに、28歳になったら今度はマーケティングに興味が出たとしても、その10年後には、過去に存在すらしなかった新しい業種に心を奪われているかもしれません。

被験者のなかには子供のころの夢を追い続けている人もいましたが、そのようなケースはあくまで少数派でした。若いころに彫ったタトゥーを成人後に消したくなる人や、かつて結婚を切望したはずのパートナーと離婚する人が後を絶たないように、私たちは自分自身の変化すら正確に予想できないのです。

心理学者たちは、このような現象を「歴史の終わり幻想」と呼んでいます。**大半の人は「現在の価値観や好みがもっとも優れている」と思い込み、過去に起きたような変化が未来にも起きる可能性を認めません。**

しかし、実際の世界は、専門家も予想できないペースでめまぐるしく移り変わり、その状況に応じてあなたの好みと価値観も変わり続けます。いま特定の業種・職種を選んだとしても、数年後に後悔している可能性は十分にあるでしょう。

先に見たリントン・ウェルズは、アメリカ議会に宛てた文書を次のように締めくくっています。

「未来の状況はわからないが、少なくともわれわれが想定しているものとはまるで違うことだけははっきりしている。そうした認識に沿って計画を立てるべきだ」

〖大罪4〗仕事の楽さで選ぶ

楽な仕事は死亡率を2倍に高める

誰でもハードな仕事は嫌なものです。できるだけ負担が少ない仕事を選びたくなるのが人情でしょう。

月の残業が80時間を超すようなハードワークの弊害は言うまでもなく、仕事のストレスが大きい人は脳卒中や心筋梗塞などにかかりやすく、そのせいで早死にのリスクも高いことが多くのデータでわかっています。[15] 仕事が楽でストレスがなければリラックスして作業に取り組めますし、パフォーマンスが上がりそうな気もしてくるでしょう。

しかし、これも幸福度という点から見れば大きな間違いです。**ストレスが体に悪いのは確実なものの、その一方では「楽すぎる仕事」もまた、あなたの幸福度を大きく下げてしま**

います。

事実、過去に行われた複数の研究が、会社内で高いポジションに就いたエグゼクティブほど健康で幸福度が高い事実を示してきました。彼らは周囲の部下よりもあきらかに仕事の量が多いにもかかわらず、風邪や慢性病などにかかりにくく、日中の疲れを感じずに活動できていたのです。

さらに3万人の公務員を対象にしたイギリスの研究によれば、組織内で地位のランクがもっとも低い人は、ランクが高くより重大な仕事を行う人に比べて死亡率が2倍も高かったのだとか。[16] これは人間以外の種族にも見られる現象で、ケニアのサバンナで暮らすバブーンを調べた研究でも、仕事の少ない個体ほどストレスホルモンの量が多い傾向が確認されています。どうやら、仕事の負荷が低いからといって必ずしも精神的に楽になれるわけではないようです。

それでは、ハードワークで体を壊す人がいる一方で、大量の仕事をこなすことで逆に幸せになれる人がいる理由はどこにあるのでしょうか？

適度なストレスは仕事の満足度を高める

「船荷のない船は不安定でまっすぐ進まない。一定量の心配や苦痛は、いつも、誰にでも必要である」

このショーペンハウアーの名言は、楽すぎる仕事が体に悪い理由の一端を示しています。ストレスは必ずしも悪いものではなく、私たちが幸福に暮らすためには欠かせない要素だからです。

たとえば、アメリカで軍事戦略のリサーチなどを行うランド研究所は、過去に出た大量のストレス研究をレビューしたうえで、「適度なストレス」がもたらすメリットを3つあげています。[17]

- ●仕事の満足度を高める
- ●会社へのコミットメントを改善する
- ●離職率を低下させる

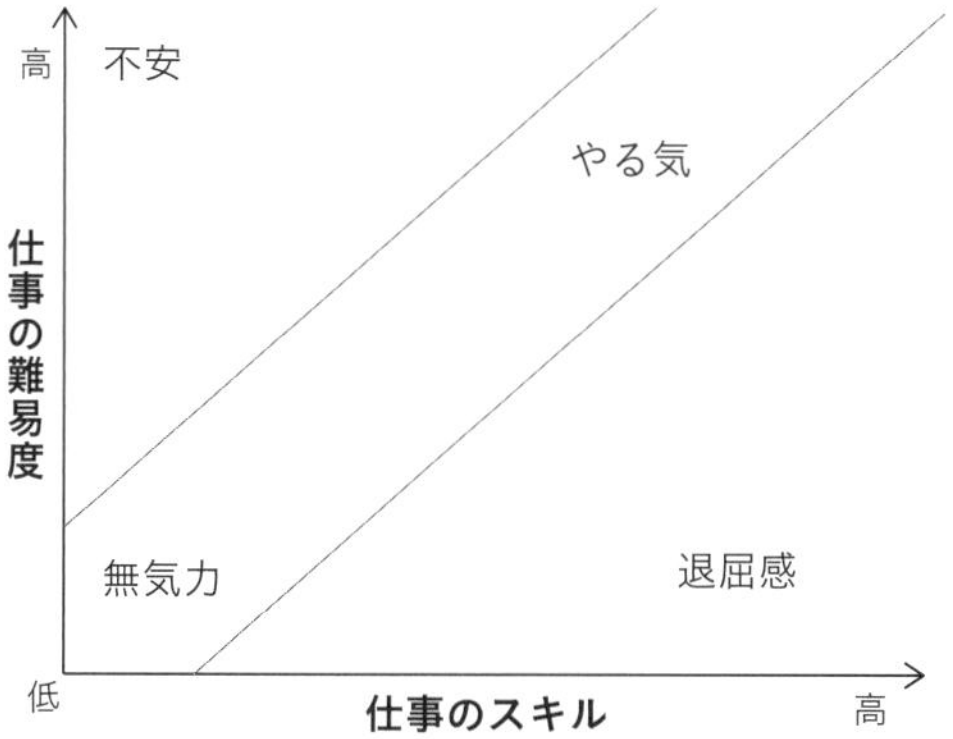

ほどほどのストレスであればなんの問題もないどころか、逆にあなたの幸福感を高めてくれる、というわけです。

この現象を視覚化したのが上の図です。あまりに自分の能力を超えた仕事は不安につながり、あなたの健康を損ないます。逆になんの負荷もない仕事は退屈感を生み、やはり幸福度の低下をもたらします。

いわば、ストレスが私たちにもたらすメリットとはバイオリンの弦のようなものです。弦がピンと張りつめすぎれば甲高い音しか響かず、ゆるすぎれば濁った音しか鳴りません。良い音を奏でるには、適度な張りに調整する必要があります。

要するに、組織内のランクが高い人ほど幸福なのは、ランクが低い人よりもストレスの張りを調整しやすいからです。

当然ながら、会社で上の地位に就く人ほど仕事の裁量権が増え、作業を自由にコントロールできるようになるでしょう。仕事が難しいと思っても概ね自分の好きなペースで行えますし、無理をして嫌な人と付き合わねばならないリスクも減るはずです。

ところが、地位が低い人は好きなように締め切りを動かせず、仕事の内容を自分で選ぶわけにもいきません。コントロールの範囲が狭いぶんだけストレスも調整できず、結果として幸福度は下がります。「昇進」といえばまずは給料アップのメリットが頭に浮かびますが、実際にあなたの幸福度を左右するのは裁量権のほうです。

幸福感を鍛えるには良いストレスが欠かせない

まとめると、ストレスは諸刃の剣であり、私たちの幸福度を上げる方向にも下げる方向にも働きます。ブラック企業のように慢性的なストレスが延々と続く状況は論外ですが、楽すぎる仕事もまたあなたを不幸へ追い込むのです。

良いストレスと悪いストレスには、大きく74ページの表のような違いがあります。悪いストレスが免疫システムの働きを狂わせて脳の働きまで低下させるのに対し、良いストレスは仕事に取り組むモチベーションを高め、身体の疲れも取り除く働きがあるわけです。

ストレス学説の生みの親であるハンス・セリエは言います。

「ストレスを避けてはいけません。それは食べ物や愛を避けるようなものです」

体を鍛えるためには筋トレやランニングで適切な負荷を与えねばならないのと同じように、私たちの幸福感も適度なストレスがなければ成長しないのです。

	良いストレスの特徴	悪いストレスの特徴
期間	短い (数分から数時間で終わる)	長い (数日から数年かけて続く)
メンタルへの影響	モチベーションを上げ、一時的に集中力と記憶力を高める	モチベーションを下げ、一時的に幸福度が下がる
脳への影響	脳の可塑性を高め、認知機能を改善する	記憶力を低下させ、理性的な思考が衰える
免疫システムへの影響	身体のダメージを回復させる	免疫システムの動きを妨げ、慢性病を引き起こす
心肺機能への影響	少しの疲れには負けないよう一時的に体力が上がる	高血圧、心臓病、脳卒中の原因となる

〖大罪5〗性格テストで選ぶ

エニアグラムの本質はタロット占いと同じ

「何事もきちんとしていたいほうですか？」
「人に何かリクエストするのは苦手ですか？」

就職サイトにアクセスすると、このような質問が並ぶのをよく見かけます。これは「エニアグラム」と呼ばれる理論にもとづく性格診断の一種で、自分に合った職業がわからずに悩む人が適職を探すためのサービスです。いくつかの質問に答えると「知的好奇心が強い学者タイプのあなたは専門知識を活かせる仕事が適職」といったアドバイスが表示され、あなたの進路に道筋を与えてくれます。

この他にも、「RIASEC」や「マイヤーズ・ブリッグス」といった性格テストが就職サービスの定番でしょう。いずれも昔から存在する性格理論を採用しており、多くのユーザーに使われていますが、果たしてこれらのテストは適職探しに役立つのでしょうか？

結論から言えば、答えはノーです。**残念ながら、性格診断によって適職が見つかる保証はどこにもありません。**

まずは「エニアグラム」から見てみましょう。「エニアグラム」は、人間を「改革する人」や「達成する人」など9つのタイプに分類する性格診断で、神秘思想家のオスカー・イチャーソによって開発されました。その点で、「エニアグラム」は根本的にスピリチュアルな背景を持っています。

だからといって必ずしも悪いわけではありませんが、このテストの問題点は、結果をいかようにも解釈できてしまう点です。

「エニアグラム」の考え方によれば、人間はそれぞれが特有の欲望と恐怖のパターーンを持ち、その種類によってパーソナリティが分かれると考えます。たとえば、タイプ6の「信頼を求める人」は安全を求めて孤独を嫌い、タイプ9の「平和を好む人」は安定を好んで葛藤を嫌う、といった具合です。

が、すでにお気づきでしょうが、「安全」と「安定」はかなりのところまで似通った概念であり、両者をハッキリと区別することはできません。不安になりやすい人がこの分類を見れば、タイプ6とタイプ9のどちらについても「自分のことだ！」と思ってしまうはずです。

おもしろいもので、海外の解説サイトなどでは「エニアグラムにおいては、各タイプの説明をいかに解釈するかを学ぶ必要がある」などと書かれているケースも多くみられます。[18]

こうなると、やっていることはタロット占いと変わりません。

この認識は学問の世界でも広く認められており、「エニアグラム」をまともに調べた事例はありません。そもそも解釈が主観的なため、再現性を重んじる科学の検証には耐えられないからです。

ちなみに、国内のエニアグラムサイトには「スタンフォードが効果を実証」との主張も見られますが、これは明らかに間違いです。正しくはスタンフォード大学を修士で卒業した作家がエニアグラムの本を出版しただけで、正式な論文出版のプロセスをふんだわけではありません。ご注意ください。

30年にわたって批判を浴び続けてきたMBTI

もうひとつ日本でよく使われるのが、「マイヤーズ・ブリッグス」（ＭＢＴＩ）です。こちらは１９６２年にアメリカの教育者が開発した性格テストで、人間のパーソナリティを直感、思考、感情などの８つの指標でとらえ、最終的に16のタイプに性格を分類します。いまでは就職支援の他にも企業研修や人材育成にも使われており、世界でも一二を争う人気の手法と言えるでしょう。

しかし、その人気とは裏腹に、「ＭＢＴＩ」は過去30年にわたって批判を浴び続けてきた手法でもあります。

もっとも問題なのは、テストを受けるたびに違う結果が出てしまう点です。

２０００年代に行われた複数の実験によれば、「ＭＢＴＩ」を行った被験者のうちおよそ半分が、５週間後のテストではまったく別のパーソナリティに分類されました。[19] 一貫した結果が出ないのでは、適職選びに使えるはずがありません。

このテストによって仕事のパフォーマンスがうまく予想できたケースも存在しておらず、１１１の先行研究を調べたミシシッピ大学のレビューでは「ＭＢＴＩの効果は落胆すべき結果に終わった」との結論を下しています。[20]

実際には「ＭＢＴＩには適職を見抜く力がある」との結論を出したデータもなくはないのですが、その大半は「ＭＢＴＩ」を推奨する協会や団体が出資者に名を連ねており、信頼性には大きな疑問符がつきます。現時点では「ＭＢＴＩ」を支持するデータはないと考えて差し支えないでしょう。

ＲＩＡＳＥＣの予測力はほぼゼロ

大学の就活カウンセリングなどで、「ＲＩＡＳＥＣ」というテストを使ったことがある人は少なくないでしょう。心理学者のジョン・ホランドが考案した「職業選択理論」にもとづく適職診断で、「職業レディネス・テスト（ＶＲＴ）」「職業興味検査（ＶＰＩ）」「適職診断テスト：ＣＰＳ－Ｊ」「ＳＤＳキャリア自己診断テスト」など、さまざまな亜種が生み出されています。

その考え方はいずれも同じで、人間の性格を「現実的」「研究的」「芸術的」などの６パターンに分け、それぞれに最適な職業を勧めるというものです。たとえば、現実的な人には機械や工学が推奨され、芸術的な人には美術やデザイン系の仕事が向いていると判断されます。

心理学者が考案したと聞くと信憑性がありそうにも感じますが、やはり「ＲＩＡＳＥＣ」も心もとない手法のひとつです。

もっとも決定的なのは２０１１年にフロリダ州立大学が発表したメタ分析です。[21] 研究チームは過去の「ＲＩＡＳＥＣ」研究から信頼性が高い74件をまとめ、現時点ではもっとも精度の高い結果を出しました。

その結論をひと言で言えば、「ＲＩＡＳＥＣの予測力はほぼゼロ」というものです。たとえ「ＲＩＡＳＥＣ」が向いていると判断した仕事に就いたとしても、その人が本当に高いパフォーマンスを発揮できるかどうかはまったく予想できなかったのです。

「ＲＩＡＳＥＣ」の成り立ちを考えれば、それも当然でしょう。そもそも「職業選択理論」とは、ホランド博士が自らのカウンセラー経験のなかで「なんとなく性格と職業には関係があるな……」と考えたアイデアを体系化したものです。なんらかのデータを用いたわけでもなく、あくまで一個人の思いつきにすぎません。

それにも関わらず、いまも大学やキャリアカウンセリングの世界で実際に使われているのは、まことに謎としか言いようがない事態です。

大罪6 直感で選ぶ

直感が正しく働くために必要な3つの条件とは？

ここまで見てきたとおり、私たちを幸福にしてくれる仕事を選ぶのはとても難しい作業です。自分の好みや給料の多さなどを当てにしてはいけないならば、いっそのこと「直感に従ったほうが楽だ！」と考える人もいるでしょう。

実際のところ、キャリアアドバイスの世界でも直感の重要性はたびたび指摘されてきました。「最後は自分の心に従うしかない！」や「直感の出した答えは意外と正しい！」のように、「見る前に飛べ」の精神を強調してくるパターンです。

何度も引き合いに出して恐縮ですが、スティーブ・ジョブズも過去に「何より大事なのは、自分の心と直感に従う勇気を持つことです」と述べており、やはり一定の支持がある考え方なのでしょう。


確かに近年では、一部のデータが直感の正確性を示してはいます。

有名なのはプロのチェスプレイヤーを対象にした実験で、研究チームは「早指しチェス」（1ゲームを5分で行う特殊な形態のチェス）のプレイヤーたちが、時間をかけて行う一般的なチェスでも同じように活躍できるのかをチェックしました。[22] すると、「早指しチェス」が得意なプレイヤーたちは、平均で1回7・5秒の思考時間しかないにも関わらず、普通のチェスと同じ優秀な成績をおさめていたのです。

似たようなデータは他にも多く、直感が熟慮に勝つケースは決して珍しくありません。それならば適職選びも直感に従ったほうがいいのでは……と思うかもしれませんが、この考え方もまた間違っています。なぜなら、直感が正しく働くためには次の条件を満たさねばならないからです。

❶ルールが厳格に決まっている
❷何度も練習するチャンスがある
❸フィードバックがすぐに得られる

チェスプレイヤーは、この典型的な例です。言わずもがなチェスは駒の動きが厳密に決められており、プレイヤーは過去の指し手をいくらでも復習できますし、ワンゲームを終えるまでも2~3時間しかかからず、プレイ内容に対するフィードバックもすぐに得られるでしょう。

しかし、「仕事探し」はこの条件にまったく当てはまりません。適職選びに正解のルートはなく、どんな会社に入るのも1回勝負で、選んだ企業が正解だったかどうかがわかるまでには数ヶ月はかかるでしょう。このような悪条件のもとでは、私たちの直感力は正常に働きません。

そもそも私たちの予想が当てにならないのは先にも見たとおりです。人生の行く末を直感で判断するのは危険すぎる賭けと言えます。

直感で考える人の人生は「自己正当化」に終わる

「直感と論理のどちらが優秀か？」という問題については、過去の研究である程度の決着がついています。

2014年にボーリング・グリーン州立大学が行った研究では、274人の学生にアンケート調査を行い、彼らの意思決定スタイルを調べました。[23] これは人間が生まれつき備え持つ意思決定の様式のことで、次の5つに分類されます。

❶**合理的**：論理的に考えて選択する
❷**直感的**：直感や感覚で決定する
❸**依存的**：他者のアドバイスをもとに決定する
❹**回避的**：決定を引き延ばそうとする
❺**自発的**：できるだけ早く決定を終わらせようとする

状況によって意思決定スタイルが変わることはありますが、多くの場面において、たいていの人は特定の様式を守り抜くことがわかっています。

その後、研究チームは学生たちの友人や家族にもインタビューを行い、被験者が過去に行った選択とその精度もチェックしました。「かつてどのようなバイトをしたか？」や「どのような学科を選んだか？」といった選択を調べ、果たして良い成果を得られたかどうかを調べたわけです。

そしてすべてのデータを総合したところ、結果は「合理的」な意思決定スタイルの圧勝でした。どんな場面においても、論理的にものごとを考えるタイプの学生がもっとも大きな成果を収めていたのです。

一方で、直感的なスタイルを持っている学生は、自分では「私の選択は正しかった」と答えたわりには、友人や家族からの評価が低い傾向にありました。どうやら直感に頼った選択は自己正当化につながり、他人からの客観的評価も低くなるようです。

この現象は他の研究でも一貫して確認されており、**ほとんどの人生の選択においては、論理的に考える人のほうが人生の満足度が高く、日常のストレスも低い**とのこと。[24]やはり感覚には頼らずに合理的な精神を貫くのが、人生を成功に導くコツなのでしょう。

〔大罪7〕適性に合った仕事を求める

インターンシップも前職の経験も適性判断には役立たない

「適性」というフレーズもまた、キャリア選びの世界ではよく耳にしがちでしょう。この世のどこかには自分が生まれ持った能力にピッタリな仕事が存在しており、それさえ見つけてしまえば生き生きと働けるに違いない……。そんな考え方のことです。

世間的にも「適性」を重視する企業は多く、知能、興味、性格、過去の職歴といった様々な要因をチェックした上で、才能のある人材を見極めようと努力を続けています。世にあふれる「職業適性検査」などを受けて、「あなたは人をサポートする仕事に向いています」や「リーダーシップを発揮できるタイプです」などと言われたことがある人も多いでしょう。

それでは、私たちは本当に「ピッタリの仕事」を事前に見抜くことができるのでしょうか？　この世の中には、自分の適性を存分に活かせるような仕事がどこかに隠れているのでしょうか？

この問題について調べた研究のなかでもっとも精度が高いのは、心理学者のフランク・シュミットとジョン・ハンターによるメタ分析です。[25]

彼らは過去100年におよぶ職業選択のリサーチから質が高い数百件を選び、すべてのデータをまとめて「仕事のパフォーマンスは事前に見抜くことができるのか？」という疑問に大きな結論を出しました。この規模のリサーチは他になく、現時点では決定版といっていい内容です。

論文では「事前面接」や「ＩＱテスト」といった適性検査をピックアップし、それぞれの相関係数を求めました。ざっくり言えば、「私たちが就職した後にその企業で活躍できるか？」の判断に役立つテストは存在するのかどうかを調べたわけです。

まずは全体的な結論を見てみましょう。それぞれの適性検査の信頼度を数字が高い順に並べると、次のようになります。

1位　ワークサンプルテスト（0・54）
2位　IQテスト（0・51）
2位　構造的面接（0・51）
4位　ピアレーティング（0・49）
5位　職業知識テスト（0・48）
6位　インターンシップ（0・44）
7位　正直度テスト（0・41）
8位　普通の面接（0・38）
9位　前職の経歴（0・18）
10位　学歴（0・1）

一部に耳慣れない言葉があるので説明しておきます。

●**ワークサンプルテスト：**会社の職務に似たタスクを事前にこなしてもらい、その成績で評価する手法。

●**構造的面接：**「あなたが大きな目標を達成したときのことを教えてください」のような、

過去のパフォーマンスに関する質問を事前にいくつか用意しておき、すべての応募者に同じ問いかけを行う。

● **ピアレーティング：**一定期間だけ実際に企業で働いた後、そのパフォーマンスを社員に判断させる。インターンシップの改良版。

● **正直度テスト：**応募者がどれだけ正直に行動するかどうかを測る性格テスト。

さて、以上の数値をふまえたうえでわかるのは、どの手法も就職後のパフォーマンスを測る役には立たない、という事実です。

たとえば、もっとも精度が高いと評価された「ワークサンプルテスト」ですら候補者の能力の29%しか説明できず、残りは忍耐力や学習能力といった複数のスキルセットに大きく左右されます。テストの成績を信じて入社しても、まったく力を発揮できない可能性は十分にあるわけです。

その他の手法についても何をか言わんやで、**日本の企業でよく使われる「普通の面接」や「インターンシップ」「これまでの職業経験」などは、パフォーマンスの指標としてはほぼ使えません。**これらの結果を鵜呑みにすると、大半の就職は失敗に終わるでしょう。

これら既存の適性判断が役に立たないのは、私たちのパフォーマンスを左右する変数が多すぎるからです。現実の世界では仕事に必要な能力は多岐にわたっており、少し考えただけでも、抽象的な思考力、創造力、同僚とのコミュニケーション力、ストレス耐性、感情のコントロール力など様々なスキルセットが頭に浮かぶでしょう。そのすべてを数回の面接やテストで判断できるはずもありません。

また、組織のカルチャーによって必要なスキルが異なるのも、事前にパフォーマンスを予測できない原因のひとつです。たとえ同じ食品メーカーだったとしても、ある会社では組織の和を重んじる風土を持ち、また別の会社では斬新なアイデアを求める文化を持つようなケースは普通にあるでしょう。

さらに言えば、その力学は環境や時間の変化によっても簡単に移り変わり、リーダーが別の人間になったり部署を異動しただけでも、求められるスキルセットが違ってしまうことも珍しくありません。インターンシップや前職の経験でパフォーマンスが予測できないのも当然と言えます。

自分の「強み」を生かせる仕事を選んでも仕方ない理由

「ストレングスファインダー」にも触れておきましょう。

これは米ギャラップ社が開発した「才能診断」ツールで、117の質問を通してあなたの「強み」を教えてくれるオンラインサービスです。この手法を解説した書籍『さあ、才能（じぶん）に目覚めよう』は、日本でも大ベストセラーになりました。

「強み」の内容は「分析思考」や「学習欲」「戦略性」など全部で34種類。このなかから上位5つの「強み」をうまく使うことで、仕事のパフォーマンスが上がり、離職率も低下すると考えられています。つまり、「強み」を生かせる職業こそが、あなたにとっての適職なのだ、という考え方です。

テストの内容はギャラップ社が10万人を超えるビジネスマンに行ったインタビューをベースに組み立てられており、公式サイトに行けば、同社が手がけた膨大な量の実験データを読むことが可能です。[26]そのサンプルサイズは非常に大きく、これだけ見れば、「ストレングスファインダー」は統計的にも実証された手法のように思えるでしょう。

が、これらの実験が問題なのは、すべてはギャラップ社が独自に行ったものだという点です。いずれも正式な査読の手続きを経て世に出た内容ではないため、証拠としては採用できません。その点で、「ストレングスファインダー」の立場はまだまだ弱いと言えます。

さらに難しいのが、**そもそも「強みを生かせば仕事がうまくいく」といった考え方に対して疑問符がついている点**です。たとえば、ポジティブ心理学の生みの親であるマーチン・セリグマンは、7348人の男女を集めて全員の「強み」と仕事の満足度を比べる調査を行いました。[27]

その結果わかったのは、次のようなポイントです。

❶「強み」と仕事の満足度には有意な関係があるものの、その相関はとても小さい

❷その組織のなかに自分と同じ「強み」を持った同僚が少ない場合には、仕事の満足度が上がる

2つめのポイントについては、説明が必要でしょう。

たとえば、あなたが「分析力」の高い人物だったとしても、周囲の同僚も同じようにデー

タの扱いや合理的な思考に長けていた場合は、その「強み」の相対的な市場価値は下がります。逆に周囲が「分析力」のない同僚ばかりならあなたの市場価値は高まり、その組織内での満足度は上がるでしょう。つまり、「強み」を生かして幸せなビジネスライフを送れるかどうかは、周囲の人間との比較で決まるわけです。

念のため強調しておきますが、この結果は、決して自分の「強み」を知る作業がムダだという意味ではありません。ポジティブ心理学の先行研究では、自分の強みを生かすように意識しながら毎日を送れば、日常の幸福感が少しずつ高まっていくことがくり返し報告されているからです。

この結果について、セリグマンは次のようにコメントしています。

『強み』をもとに仕事を選ぶことは推奨しないが、いまあなたが働いている会社のなかで仕事の満足度を高めるために使うのならば有用だろう」

いったん特定の仕事が決まった場合は、「ストレングスファインダー」が役に立つ可能性も十分にあります。ただ、ここで問題にしている「〝適職探し〟に役立つかどうか?」というポイントにおいては、『強み』だけを頼りとするのは得策ではないようです。

人生を本当に豊かにしてくれる仕事はどこにある？

ここまで読み進めて、混乱した方もいるかもしれません。

好きを仕事にしても幸福度は上がらず、お金を目当てにしても非効率で、専門家の判断も当てにならないというならば、私たちはどのような基準で最高の職業を選ぶべきなのでしょうか？　あなたの人生を本当に豊かにしてくれる仕事は、どこに存在するのでしょうか？

その答えを探すべく、ステップ２では「私たちが適職探しに失敗する理由」と「適職に必要な条件」の２つを見ていきます。仕事探しにつきまとう問題を打ち破り、正しく未来の可能性を広げるための重要なステップです。

適職探しにおいてハマりがちな
「思い込み」に当てはまっていないか注意する。

仕事選びにおける7つの大罪

1. 好きを仕事にする
2. 給料の多さで選ぶ
3. 業界や職種で選ぶ
4. 仕事の楽さで選ぶ
5. 性格テストで選ぶ
6. 直感で選ぶ
7. 適性に合った仕事を求める

〈ステップ2〉

未来を広げる

——仕事の幸福度を決める7つの徳目

STEP 2

Widen your future

「われわれはみな
自分の殻に閉じこもり、
自分の鼻先ぐらいの
短い視野しかもっておりません」

モンテーニュ（1533－1592）
フランスの哲学者
Michel Eyquem de Montaigne
Philosopher, France

すべては視野を広げることから始まる

ライト兄弟も「視野狭窄」の罠にハマった

序章でもお伝えしたように、私たちが適職選びを誤ってしまう大きな原因は「視野狭窄」にあります。**特定の選択肢にのみ意識が向かい、それ以外の未来の可能性に頭が行かなくなってしまった状態です。**

この罠からは、どのような偉人たちも逃れられません。

たとえば、飛行機の生みの親として名高いライト兄弟は、その一方で、人生後半のキャリアを自らの手でズタズタにしたことでも知られています。

1903年に有人動力飛行に成功した彼らは、すかさず自分たちが生んだ技術の特許を取得し、そのまま悠々自適の人生を送るかと思われましたが、ことはうまく進みませんでした。後発の技術者がライト兄弟を参考にした飛行機を次々に発表し始めたため、2人は残りの人生をかけて特許侵害の裁判を起こし続けたのです。

もともとは金と名誉を守るために始めた戦いでしたが、ほとんどの訴訟を却下された2人は怒り心頭。やがて訴訟のことしか考えられなくなり、いよいよ裁判の泥沼にハマりこんでいきました。完全に「視野狭窄」の状態です。

その間に他の技術者がライト兄弟の技術を追い抜き始め、そのせいで2人の特許は完全に風化し、最終的には歴史的な価値しか持たない内容になったため、兄のウィルバーは失意のなか45歳で命を落とし、3年後には弟のオーヴィルも技術開発から手を引きました。

似たような偉人は他にも多く、精神分析の祖であるフロイトなども、自分の説に固執しすぎたあまり「視野狭窄」に陥り対立者を端から攻撃。異論を持つ者たちを次々に追放し始めた結果、ユングやアドラー、ライヒといった名だたる学者たちと袂を分かつことになりました。

なんとも悲劇的なエピソードばかりですが、私たちもキャリア選択の場面ではライト兄弟やフロイトと似た過ちを犯しやすいことはすでに紹介したとおり。「われわれはみな自分の殻に閉じこもり、自分の鼻先ぐらいの短い視野しかもっておりません」と記したモンテーニュの言葉はすべての人間に当てはまる難問を言い当てており、大多数の人は、多かれ少なかれ同じような理由でキャリアを間違えるものなのです。

この問題に立ち向かうべく、ステップ2では私たちの頭を解きほぐし、もっと多くの可能性に目を向ける作業を行います。すなわち、あなたの「未来を広げる」ステップです。

仕事の幸福度を決める「7つの徳目」

たんに「視野狭窄を抜け出して、いろんな仕事の可能性を考えてみよう！」と言われても、すぐに実践できる人はいないでしょう。特定の会社や仕事に心がひかれた時点で私たちの脳は一点に凝り固まるからです。

たとえば、「財布がない！」と思ってさんざん家のなかを探し回った後で、ふと目の前のテーブルに置いてあったのを見つけるような体験は珍しくありません。この現象は、「財布はいつもの棚に置いたはずだ」や「スーツの内ポケットに入れたはずだ」などの先入観により、「目の前のテーブル」という可能性が頭から完全に排除されたせいで発生します。

適職探しもこれと同じで、たいていの人は「この仕事は良さそうだ」と思った直後から思考が狭まり、それ以外の選択肢に目を向けられなくなってしまうのです。このままで

は、いつまでたっても最適な仕事は見つかりません。

そこで、このステップでは、発想の幅を広げるための手がかりとして「仕事の幸福度を決める7つの徳目」をチェックしていきます。

前のステップでは「仕事選びにおける7つの大罪（人間の幸福とは関係ない仕事の要素）」を紹介しましたが、ここから取り上げるのは、「あなたの仕事人生を幸せに導くために必要な要素とは何か？」というポイントです。なんの手がかりもなしに「視野を広げよう！」と言われたら途方に暮れてしまうものの、幸福な仕事に必要な条件がわかれば選択肢を増やすためのとっかかりになるでしょう。

「仕事の幸福度を決める7つの徳目」とは、次のようなものです。

❶**自由**：その仕事に裁量権はあるか？
❷**達成**：前に進んでいる感覚は得られるか？
❸**焦点**：自分のモチベーションタイプに合っているか？
❹**明確**：なすべきことやビジョン、評価軸はハッキリしているか？

❺多様：作業の内容にバリエーションはあるか？
❻仲間：組織内に助けてくれる友人はいるか？
❼貢献：どれだけ世の中の役に立つか？

以上のポイントは「仕事の満足度」について調べた２５９のメタ分析などであきらかになったもので、欧米はもちろん日本をふくむアジア諸国においても重要度が変わらないことがわかっています。

これらの要素を満たさない仕事は、どれだけ子供のころから夢に見た職業だろうが、誰からもあこがれられる業種だろうが、最終的な幸福度は上がりません。[1] **逆に言えば、これらの要素がそろった仕事であれば、どんなに世間的には評価が低い仕事でも幸せに暮らすことができるわけです。**

もっとも、なかにはこう思う人もいるでしょう。

「選択肢を広げると言われても、そもそもどんな仕事があるのかがわからないし、おおまかな方向性もぼんやりしているし……」

最初から「この会社がいい！」と心から決まっている人は少数派ですし、「この業界に入りたい」や「総合職で行きたい」といったおおまかな方向性すら定かでないケースもあるでしょう。

が、安心してください。序章でも述べたとおり、将来の選択肢がはっきり見えないせいでえも言われぬ不安に襲われてしまう状態は、現代人にとってごく普通のことです。このステップの後半では、あなたにとっての「なんとなくの方向性」を決めるための作業も紹介するので、現時点で何も将来の道が決まっていない方も、とりあえず「幸せに働くために本当に必要なことはなんだろう？」ぐらいの気持ちで、すべての「徳目」をチェックしてみてください。

逆に、すでにあなたが望む進路が明確に見えている場合は、そのキャリアが本当に幸せに続く道なのかをチェックするために以降の「徳目」を使ってください。それでは具体的な内容を見ていきましょう。

〔徳目1〕自由

不自由な職場はタバコよりも体に悪い

ガーデニング好きが多いイギリスでは、1日の終わりに庭仕事にいそしむ人をよく見かけます。どれだけ厳しい労働を終えたあとでもシャベルを取り出し、ハードな肉体労働にはげむ人がとても多いのです。

この風習について、作家のコリン・ウォードは次のように説明しています。

「仕事の後にも関わらず庭仕事を好む人が多いのは、そのことでマネージャーや上司から自由になれるからだ。そこでは単調な仕事から解き放たれ、同じ作業の奴隷になることもない。最初から最後まで作業は自分のコントロール下にあり、何をどのように行うかを決めるのは本人の自由だ。その責任はすべて自分が引き受け、他人は関係ない。このとき、私たちは自らの上司になる」[2]

ウォードの指摘は現代の心理学から見ても的を射たものです。「作業の内容をどれぐらい自分の意思で決められるか？」は、仕事の満足度を大きく左右します。
深く考えるまでもなく、自由を縛られて喜ぶ人は少ないでしょう。上司から資料の一字一句をチェックされたり、休みの時間まで指示されたり、外出のたびに許可が必要だったりと、そんな職場で働きたいと願う人はいないはず。俗にいう「マイクロマネージメント」の問題です。

実際のところ、数ある研究のなかでも、「自由」ほど仕事の幸せを左右する要素はありません。たとえば1380人の労働者を集めた台湾の研究では、次のようなポイントをもとに被験者が働く会社の自由度を調べました。[3]

- 作業を実行するスケジュールを好きに設定できる
- タスクの内容を好きなように選ぶことができる
- 収入や社内ルールに好きな意見を言える

その結果はあきらかでした。職場の自由度が高くなるほど被験者の仕事への満足度は上がって離職率が下がり、ストレスが大きな作業をしているあいだもネガティブな感情にハマりにくい傾向があったのです。

さらにもうひとつ、「自由度」はあなたの寿命も左右します。ロンドン大学が公務員を対象に行ったリサーチでは、

●タバコを吸うけれど、会社内の自由度が大きい
●タバコは吸わないが、会社内の自由度が小さい

といった2つのグループを比べたところ、タバコを吸わないが自由度が小さい人のほうが体を壊しやすく、慢性病にかかる確率も高い傾向がありました。要するに仕事の自由度とは、タバコよりも私たちの健康に大きな影響をおよぼすわけです。[4]

「幸福になれる自由」の種類は男女で異なる？

もちろん、そうは言っても無制限の自由が許される職場など存在するはずもなく、ノマドワーカーよろしく自由な働き方を演出しようが、仕事である以上はクライアントや取引先からの縛りは逃れられません。社会で生きていくためには、自由を切り売りせねばならない場面はどうしても出てきます。

こればかりは社会的な動物としての現実なので嘆いてもしかたなく、少しでも自由度が高そうな会社を選ぶか、上司や関係者と交渉していまの仕事の自由度を高めるか、の二択しかありません。

もしも「自分は企業で働くのだ」と決めた場合は、**「労働時間はどこまで好きに選べるのか？」**と**「仕事のペースはどこまで社員の裁量にゆだねられるのか？」**という2つのポイントだけは、必ずできる範囲でチェックしてください。

また、先行研究によれば男女によって「幸福になりやすい自由」の種類は変わるとの傾向も出ています。[5]こちらも注意しておきましょう。

● 女性＝仕事に取り組む場所とタイミングの自由が効くほど幸福度は上がる
● 男性＝仕事の進め方と作業ペースの自由が効くほど幸福度は上がる

つまり、女性の場合は在宅勤務やリモートワークがしやすく、さらにはフレックスタイム制などを採用している職場のほうが幸せに働ける確率が高まるようです。一方で男性は、作業の締め切りを自分で決められたり、仕事をこなす順番を好きなように動かせる職場に幸福を感じやすいようです。もちろん個々人によって異なる要素でしょうが、参考にしてみても良いかもしれません。

いずれにせよ、「自由」とは「あったらいいな」レベルの問題ではなく、仕事の幸福を決める根本的な要素です。適職を探す際は、ぜひ「どこまで自分が自分のボスでいられるか？」といった観点から仕事を選んでみてください。

〔徳目2〕達成

一流アスリートほど大事にするたった一つの習慣とは？

オリンピックの水泳で28個のメダルを獲得したマイケル・フェルプスは、試合前にいつも同じ行動を取ることで有名でした。レースの2時間前になると必ずストレッチで全身をほぐし、それからプールで45分のウォームアップを行ったあと、今度は本番までヒップホップを聴いて過ごすのです。

コーチのボブ・ボーマンは、これらの行動について「レース前のささいな行為が勝利の感覚を与えてくれる」と表現しています。ストレッチやウォームアップなどの行動を終えるたびにフェルプスは確実な達成感を得ることができ、そのおかげで自信を持ってレースに挑めたわけです。

このような「小さな達成」の重要性は、昔からスポーツの世界ではよく知られていました。

一流のアスリートほど「今週はフォームの改善を目指し、次の週は筋力アップに集中する」といったサブゴールを定め、1週間ごとに細かく達成感を積み上げていくケースが多かったからです。

近年では、科学の世界でも「小さな達成」が仕事のモチベーションを大きく左右することがわかってきました。

関連する研究は山のように存在しますが、一番有名なのはハーバード大学が行った調査でしょう。「仕事のモチベーションを高める最大の要素とは何か？」との疑問に答えを出すべく、研究チームは7つの会社から238人のビジネスマンを集め、全員のパフォーマンスの変動を12000時間にわたって記録し続けました。[6]仕事の〝やりがい〟について、ここまで徹底的に調べた研究は他にありません。

その結論をひとことでまとめれば、

◉人間のモチベーションがもっとも高まるのは、少しでも仕事が前に進んでいるとき

のようになります。仕事のやる気を左右する要素はいろいろあるものの、ずば抜けて影響力が大きいのは「ものごとが前に進んでいる」という感覚だったのです。

錯覚の「達成感」でも人間のモチベーションはブーストする

「小さな達成」の内容は、仕事にさえ関係していればどのようなものでも構いません。企画書の作成に必要なデータが見つかった、いままで悩まされてきたバグが解消された、マネージャーから褒められた……。

どんなに小さな達成でもあなたのモチベーションは高まり、そこには〝やりがい〟の感覚が生まれます。

より身近な例として、コロンビア大学の実験を見てみましょう。[7] 被験者たちは「特定のカフェで使えるスタンプカード」を渡され、次の2つのパターンで自由にコーヒーを買うように指示されました。

❶「コーヒーを10杯買えば無料で1杯をサービス」と書かれたスタンプカードを渡す。

❷「コーヒーを12杯買えば無料で1杯をサービス」と書かれたスタンプカードを渡す。ただし、そのカードにはすでに2つのスタンプが押してある

要するに、どちらのパターンでもコーヒーを10杯買わないと無料のサービスを受けられない点は同じであり、普通に考えればすべての被験者が同じようにカフェに通うはずですが、結果は大きく異なりました。現実には「コーヒーを12杯で1杯サービス」のカードを渡されたグループのほうが、スタンプの貯まるスピードが速かったのです。

研究チームは、この現象を「前進の錯覚」と呼んでいます。「すでに2つのスタンプが押してあった」おかげで達成感の錯覚が生まれ、その感覚がモチベーションを高めたわけです。ただの錯覚でもやる気がわくのだから、私たちの「達成感」好きは筋金入りでしょう。

もっとも、適職探しの場面において「その会社には『小さな達成感』を得られる環境が整っているか？」を調べるのは難しいものがあります。現代で「小さな達成感」を意識している企業は少数派で、現場マネージャーの裁量に頼りっきりなケースが多いからです。

先のハーバード研究によれば、およそ95％のマネージャーが「従業員のやる気を高めるには給与を与えて褒めるのがベストだ」と答えたとのこと。世の中に「小さな達成感」の重要性が知れわたるまでには、まだ時間が必要です。

その点をふまえたうえで、適職探しでチェックしておきたいポイントは、次のようになります。

◉ 仕事のフィードバックはどのように得られるか？
◉ 仕事の成果とフィードバックが切り離されていないか？

たとえば、あなたが料理人だったとしましょう。このとき、自分で作った料理にお客さんが喜ぶ姿を自らの目で確認できれば、あなたはすぐに結果のフィードバックを受けられ、小さな達成感を細かく味わうことができます。

しかし、その一方では、料理人が厨房にこもりきりでお客さんのリアクションを見られないケースもあるでしょう。効率化のためにはしかたない処置ではありますが、このような環境では、どうしてもあなたの達成感は減ってしまうはずです。

逆に言えば、どれだけ楽しそうな仕事だろうが、フィードバックを得るまでに1ヶ月もかかるようではモチベーションは向上しません。あくまで目指すべきゴールがハッキリしており、自分の作業へのフィードバックが即座に得られるような仕事が理想です。

〔徳目3〕焦点

適職探しに役立つ数少ない性格テストとは？

本書のステップ1では、「性格テスト」がいかに当てにならないかを説明しました。現時点で適職探しに使われるテストの大半にはデータの裏づけがなく、仕事の幸福度アップには使えません。

そんな状況下で、適職を探すのに役立つ唯一の性格テストとされるのが「制御焦点」です。人間のパーソナリティを「攻撃型」と「防御型」の2タイプに分ける考え方で、おもにコロンビア大学などの研究で、仕事のパフォーマンスアップ効果が証明されてきました。[8]「制御焦点」は、次のように私たちのパーソナリティを区別します。

● **攻撃型**：目標を達成して得られる「利益」に焦点を当てて働くタイプ。

競争に勝つのが好きで、金や名誉などの外的な報酬に強い影響を受ける。つねに大きな夢を持っており、仕事を効率的に進める意思が強い。基本的にポジティブだが、そのぶんだけものごとを突きつめて考えず、準備不足のまま事を進めようとするのが難点。作業がうまくいかないと、すぐに気落ちする傾向もある。

◉**防御型**：目標を「責任」の一種としてとらえ、競争に負けないために働くタイプ。自分の義務を果たすのが最終的なゴールで、できるだけ安全な場所に身を置こうとする。失敗を恐れる傾向が強いため、仕事ぶりは正確で注意深く、ゆっくりと着実にものごとを進めていく。最悪の事態を想定して動く傾向が強く、時間の余裕がない状況ではストレスが激増する。分析や問題解決力が高い。

たいていの人はどちらかの焦点をより強く持ち、その強弱によって仕事へのモチベーションが大きく変わります。コロンビア大学が行った実験では、被験者にレポートの作成を課し、3日後までに提出するように指示。このとき、指示の出し方を2つのパターンに分けています。[9]

❶レポートを書くために、〝最高〟な場所と時間を想像してください。その上で、素晴らしいレポートを書いている自分を思い描いてみましょう。

❷レポートを書くために、〝最悪〟な場所と時間を想像してください。その上で、ダメなレポートを書かないように注意している自分を思い描いてみましょう。

当然、1番目の指示は「攻撃型」に向けたもので、2番目の指示は「防御型」に向けられています。

普通に考えれば両者に差など出ないようにも思えますが、その結果には大きな違いが確認されました。自分の焦点タイプに適合した指示を受けた被験者は、そうでない被験者に比べて、レポートの締め切りを守る割合が約50％も高かったのです。

モチベーションタイプの有効性は20年を超える研究で裏づけられており、たとえば2012年には105の先行研究をまとめたメタ分析が行われ、「攻撃型」と「防御型」の区別を使うことで、個人の職場での満足度や仕事への取り組み方などをある程度まで予測できると報告しています。[10] 日本でも研究例は多く、295人の学生アルバイトを対象にした愛知学院大学の調査でも、モチベーションタイプが仕事場でのやる気と大きく相関することを示しました。[11]

これら多くのデータからわかるのは、**私たちは焦点タイプに合った働き方をしたほうが能力を発揮しやすく、そのおかげで仕事の満足度も高まる**という事実です。もちろん他にも有望な性格判断は存在するのですが、現時点では「制御焦点」ほど質が高いデータがそろったものは少ないのが現状であり、あらかじめ自分の焦点タイプを知っておけば、間違いなく適職選びに役立つでしょう。

「攻撃型」に適した仕事、「防御型」に適した仕事

それでは、自分のモチベーションタイプがどちらなのかを判断してみましょう。これから119ページの図で紹介する16個の質問について、次の7点満点で回答してください。

1：まったく当てはまらない
2：ほとんど当てはまらない
3：あまり当てはまらない
4：どちらとも言えない

5：やや当てはまる
6：かなり当てはまる
7：非常に当てはまる

これらの質問は「促進予防焦点尺度」と呼ばれる有名なスケールを日本語化したものです。[12] すべての点数を次のように足し合わせることで、自分のモチベーションタイプが判断できます。

攻撃型：1、3、5、8、9、10、11、13
防御型：2、4、6、7、12、14、15、16

採点の結果、攻撃型と防御型のどちらの点数が多かったかで、あなたのモチベーションタイプを判断してください。理屈としては両者の点数が同じになる可能性もありますが、それはあくまでレアケースで、たいていはどちらかのタイプに偏るはずです。

また、別の研究によれば、多くの人は無意識のうちに自分のモチベーションに気づいて

❶	どうやったら自分の目標や希望をかなえられるか、よく想像することがある。
❷	私はたいてい、悪い出来事を避けることに意識を集中している。
❸	私はたいてい、将来自分が成し遂げたいことに意識を集中している。
❹	どうやったら失敗をふせげるかについて、よく考える。
❺	私は、自分の理想を最優先し、自分の希望や願い・大志をかなえようと努力するタイプだと思う。
❻	自分の責任や役割を果たせないのではないかと、よく心配になる。
❼	恐れている悪い出来事が自分にふりかかってくる様子を、よく想像する。
❽	私はたいてい、人生において良い成果をあげることに意識を集中している。
❾	職場（学校）での私は、仕事（学業）で自分の理想をかなえることを目指している。
❿	どうやったら良い成績がとれるかについて、よく考える。
⓫	将来どんな人間になりたいかについて、よく考える。
⓬	目標とする成績をとれないのではないかと、よく心配になる。
⓭	こうなったらいいなと願っていることがかなう様子を、よく想像する。
⓮	職場（学校）での私は、仕事（学業）での失敗を避けることを目指している。
⓯	自分が将来そうなってしまったら嫌だと思う自分像について、よく考えることがある。
⓰	私にとっては、利益を得ることよりも、損失を避けることの方が大事だ。

おり、意識せずとも焦点タイプに合わせた職業を選ぶ傾向があるようです。具体例を見てみましょう。

◉**攻撃型に適した職業：**コンサルタント、アーティスト、テクノロジー系、ソーシャルメディア系、コピーライターなど

◉**防御型に適した職業：**事務員、技術者、経理係、データアナリスト、弁護士など

ご覧のとおり、攻撃型の人は動きの速い業界に向いています。サービスや製品の変化が激しく、より柔軟な発想を求められるような仕事です。

一方で防御型の人は実務能力が必要な仕事で能力を発揮します。防御型は複雑なデータを念入りに処理するのがうまいため、慎重さを高く評価してくれるような業界が望ましいでしょう。

まとめれば、焦点タイプによる適職の選び方はこうなります。

◉**攻撃型：**進歩や成長を実感しやすい仕事を探す

◉**防御型：**安心感と安定感を実感しやすい仕事を探す

「攻撃型」と「防御型」はあなたが生まれ持ったモチベーションの特性であり、後からトレーニングで変えられるかどうかはわかりません。持ち前の気性に逆らわず、自分にとって自然な仕事選びを考えてみてください。

〘徳目4〙明確

賃金が不公平な企業に勤めると早死にする

AmazonのCEOであるジェフ・ベゾスは、誰よりも「明確さ」を求める経営者として知られます。

なかでも有名なのは、Amazonが急速に成長した時期に全従業員のデータベースを構築した事例でしょう。このデータベースには従業員の行動が定期的に記録され、誰の働きが会社の成長に役立ったのかがひと目でわかりました。

その目的は、**信賞必罰をハッキリさせること**です。「功績あればこれを賞し、過ちあればこれを罰する」のは経営の王道ですが、Amazonほど合理的に徹底した企業は他にありません。

ステップ1でも見たように、私たちは自分の幸福を他人との比較で決める生き物です。そのため「賃金の不公平感」にはことのほか敏感で、スタンフォード大学が228件の先行研究を精査したメタ分析でも、信賞必罰が明確でない企業では社員の死亡率や精神病の発症率が上がると報告されています。[13]

信賞必罰の明確さとともに、もうひとつ大事なのが**タスクの明確さ**です。自分が行うべき作業の手順がわからなかったり、タスクをいつまでに終えればいいのかが把握できなかったりと、そんな状況下では、どんなに仕事が好きでもモチベーションは上がらないでしょう。

他にもよく見られるのは次のようなケースです。

- 会社がどんな価値観で動いているのかよくわからない
- いまやっている作業がプロジェクトのどこに役立つのかわからない
- 仕事のどこに責任感を持てばいいのかわからない
- ある上司からは「すぐに企画書を作れ！」と言われたのに、また別の上司からは「会議に出ろ！」と言われた

会社内での自分の役割がわからず、上からの指示はダブルバインドで、上層部にもビジョンが感じられない……。想像しただけでモチベーションが下がりそうなものばかりですが、多くのデータでも、これらの状況が私たちの幸福度を大きく悪化させるとの結果が得られています。

「上からの指示が一貫しない」が社員の体調を破壊する

南フロリダ大学のメタ分析を見てみましょう。[14]「仕事のストレスと健康」に関する先

行研究から72件を精査した内容で、「どんな職場で働くと体を壊すのか？」という疑問に答えたものです。

結果、タスクの不明確さは、社員の慢性疲労や頭痛、消化器官の不調と大きな相関がありました。特に悪影響が大きかったのは「仕事で何を求められているかがわからない」と「上からの指示が一貫しない」の2つで、このような職場で働く社員は寝ても疲れが取れず、最終的に頭痛や胃痛などの症状にも悩みやすいようです。納得の結果ではないでしょうか。

タスクの明確化という点でも、Amazonは抜かりがありません。

ジェフ・ベゾスが常に「顧客第一」のビジョンをかかげて行動し続けているのは有名な話。カスタマーの体験を上げるためなら株主の短期的な利益を犠牲にすることもいとわず、社内のタスクはすべて「客のためになるか？」の一点をもとに構築されます。これなら社員も迷いようがありません。

さらに細かな例で言えば、Amazonでは会議の前に必ず「ミーティング・マニュアル」と呼ばれるレポートを配り、すべての参加者に熟読を求めます。そこに書かれているのは次のような内容です。

◉会議の前提と達成すべき目標
◉問題解決策への具体的なアプローチ
◉もっとも早く取りかかれる解決策

このような情報を事前にまとめておけば、すべての参加者に対して会議の目標が明確になります。おかげで会議のモチベーションも高く保たれ、時間のムダも省くことができるわけです。

もちろん、だからといってAmazonこそが最高の企業だと言いたいわけではありません。顧客サービスを優先するあまり、下請けのドライバーたちから過酷な労働実態を暴露されているのは知られた話でしょう。

その点では裏表の多い会社ではありますが、一方ではベゾスが徹底する「明確さ」が社員のやる気を引き出し、爆発的な成長に寄与したのも事実です。これは適職探しの場面においても同じで、「信賞必罰とタスクの明確さ」を事前に確認しない手はありません。

◉会社に明確なビジョンはあるか？　そのビジョンを実現するために、どのようなシステム化を行っているか？

◉人事評価はどのようになされているか？　個人の貢献と失敗を目に見える形で判断できるしくみは整っているか？

このあたりは、採用面接や転職エージェントとの面談などでも、ぜひチェックしておきたいポイントです。

〖徳目5〗多様

宝くじで1億円を当てても1年で慣れる

「従業員には特定の役割だけを与え、その業務を徹底させよ」

旧来の経営理論はこのように主張します。経理には金の計算だけを割り当て、企画部門には良いアイデアを出す作業のみに専念させる、そんな手法です。

確かに特定の役割を徹底させれば社員のスキルは上がり、コストや効率面でも最大化しやすくなるでしょう。非常にわかりやすい考え方です。

しかし、経営の効率が最大化したからといって、それが従業員の幸福に寄与するとは限らないのは当たり前の話。いかにアイデアを出すのが好きな人でも、そればかりを求められれば息が詰まり、たまには単純な事務作業やプロセス管理をやってみたくなるはずです。

これは心理学で「快楽のウォーキングマシン」と呼ばれる現象で、**人間はどのような変化にもすぐに慣れてしまう性質がある**ため、たとえば宝くじで1億円を当てようが、夢に見たポジションに昇進しようが、長くても1年ほどで幸福度は過去と同じレベルにもどってしまいます。[15]「1億円がある」という現実が新たな幸せの基準になり、すぐにその上の状態を求め始めるからです。

なかなか難しい問題ですが、「快楽のウォーキングマシン」に立ち向かう唯一の方法として知られるのが「多様」の考え方です。その名のとおり**「日常の仕事でどれぐらいの変化を感じられるか?」**を示す言葉で、

- ●自分が持ついろんなスキルや能力を幅広く活かすことができる
- ●業務の内容がバラエティに富んでいる

という2つの条件を満たす職場ほど、あなたの幸福度は高くなります。テキサス工科大学が約200件の先行研究をまとめたメタ分析によれば、さまざまなスキルや能力を活かせる職場で働いた場合、仕事の満足度との相関係数は0・45であり、これは先に見た「自由」がもたらす満足度の相関と変わりません。[16]「多様」もまた、適職探しには欠かせないチェックポイントのひとつです。

工程の川上から川下まで関わることができるか？

現代において「多様」の考え方をもっとも実践している企業といえば、「トイストーリー」シリーズで有名なピクサーでしょう。

同社にはピクサーユニバーシティーという教育施設が存在し、すべての社員は複数のスキルを無料で学ぶことができます。スキルの内容は「絵の描き方」や「実写映画の撮り方」まで幅広く、ここで身につけた技術は、再び新たなプロジェクトに使うように指導されるのです。

この制度は、ピクサーから人材の流出をふせぐために始まりました。当初はピクサーも社員の役割を完全に固定していたのですが、少しずつスタッフのあいだに退屈感が広まり始め、やがて優秀な人材がヘッドハンティングで引き抜かれる事態が続出。これを重く見たピクサーは「多様」の考えを取り入れ、スタッフの飽きをふせぐシステム作りを始めたわけです。

従来の経営理論からすれば利益を下げかねない取り組みですが、おかげでピクサーの離職率は大幅に減ったとのこと。結局は優秀な人材が残ったのだから、長期的には大成功と言えます。

残念ながらピクサーほど「多様」を重んじる会社は簡単には見つからないでしょうが、それでも次のポイントはチェックしておいてください。

◉プロジェクトの川上から川下まで関与できるか？

たとえば、あなたが衣服の販売員としてアパレルの会社に入った際に、新しい服の企画会議にも参加でき、デザイナーに要望を伝えられ、完成した商品を売り広める段階まで関わることができれば、たんに「君は客に服を売ればいい」とだけ言われるよりも確実にモチベーションは上がるでしょう。プロジェクト全体の流れが見わたせるおかげで責任感が生まれ、そこに仕事の意味を見出しやすくなるからです。

重要なのは、仕事の「始まり」から「終わり」までの工程に、どこまで関わることができるかです。さすがにプロジェクトの全行程にからめるような仕事は少ないでしょうが、適職選びのポイントとして押さえておいてください。

〘徳目6〙仲間

職場に最高の友人がいれば仕事のモチベーションは700％上がる

「私たちは仕事を辞めるのではない、ただその場の人間関係を立ち去るのだ」

経営学の世界では、こんな格言をよく耳にします。職場における人間関係の重要性を示したフレーズですが、思わず共感してしまう人は多いでしょう。どんなに仕事そのものは好きだとしても、パワハラ上司やウマが合わない同僚と毎日8時間も顔を合わせ続ければ、幸福度が上がるはずはありません。

厚労省の統計によれば、「同僚と仕事やプライベートの会話で笑うことがあるか？」との問いに「はい」と答えた日本人の数は30％にすぎず、「会社内で信頼できる上司はいるか？」との質問にはおよそ87％が「いいえ」と答えています。欧米で行われたリサーチでもこの傾向は変わらず、仕事の人間関係に悩むのは世界的な現象のようです。

上司や同僚が仕事人生におよぼす影響の強さを示した例としては、500万人を対象に行われたアメリカのサーベイが有名です。[17]研究チームは被験者の職場における人間関係を調べ、次の傾向を導き出しました。

● 職場に3人以上の友達がいる人は人生の満足度が96%も上がり、同時に自分の給料への満足度は2倍になる（実際にもらえる金額が変わらなくても、友人ができるだけで給料の魅力が上がる）

● 職場に最高の友人がいる場合は、仕事のモチベーションが7倍になり、作業のスピードが上がる

思わず目を疑うレベルの数値ですが、**給料の多さや仕事の楽しさなどの要因とは関係なく、社内に良い友人がいるだけでも人生が幸福になる**のは確実なようです。

さらに信頼性が高いデータとしては、フロリダ州立大学のメタ分析も参考になります。[18]こちらは約22万人のデータをより厳密に処理したもので、やはり「ソーシャルサポートの存

在は仕事の満足度と相関する」との結果でした。簡単に言い換えれば、「困ったときに自分を助けてくれる同僚がいると、楽しく働ける可能性が大きく上がる」ぐらいの意味になります。

「自分に似た人がどれぐらいいるか？」をチェックせよ

近年では、ヒドい上司や同僚の悪影響を示したデータにも事欠きません。なかでも大きいのは健康面へのダメージで、劣悪な人間関係のもとで働く人ほど寿命が短くなるとの報告が多くなされています。代表的なところを見てみましょう。

- 嫌な上司のもとで働く従業員は、良い上司のもとで働く従業員に比べて心臓発作や脳卒中で死ぬリスクが60％高くなる[19]
- 嫌な同僚のせいで悪化したストレスは、たとえ会社を辞めても健康的なレベルにもどるまで22ヶ月かかる[20]
- 人間関係が悪い会社では、社員が高血圧や高コレステロール、糖尿病に悩む確率が20％

増加する[21]

人間関係の悪化が健康におよぼす影響は計り知れず、そのダメージのレベルは長時間労働や福利厚生の不足の悪影響を上回ります。どれだけ業績が良い会社だろうが、嫌な人間に囲まれて過ごすだけの価値はないでしょう。

せんじつめれば、「その会社で働く人を好きになれそうか？」ぐらいの基準で職場を選ぶのも決して間違いとは言えません。適職を探すときは「仲良くなれそうな人がいるか？」という観点を忘れないでください。

「仲間」の考え方を適職選びに使う際は、次の要素に注目するのがおすすめです。

◉その組織には、自分に似た人がどれぐらいいそうか？

人と人の仲を結びつける要素はいくつもありますが、現時点でもっとも確かなのは「私たちは自分に似た人を好きになりやすい」という事実です。俗に「類似性効果」と呼ばれる心理現象で、相手との考え方や性格の近似はもちろん、外見やファッション、文化的な背景など、どんな要素でも自分と似てさえいれば好感度は高まります。

これぐらいのポイントなら、企業訪問や面接の際にもチェックしやすいでしょう。

〖徳目7〗貢献

「もっとも満足度の高い仕事」のトップ5とは？

2007年、シカゴ大学が約5万人の男女を集め、30年をかけて職業リサーチを行いました。[22]

チームが調べたのは、「高い満足感を得やすい職業とはどのようなものか？」という問題です。あらゆる職種から集めた被験者に仕事の満足度を尋ねたところ、「もっとも満足度の高い仕事」のトップ5はこうなりました。

❶聖職者
❷理学療法士
❸消防員
❹教育関係者
❺画家・彫刻家

一見すると、ランキング上位に入った職業はバラバラで、日々の作業もまったく異なります。また、この結果はあくまでアメリカの文化に特有のものであり、日本にそのまま当てはめるわけにもいきません。

しかし、リストに並ぶ職業には、仕事の幸福を考えるのに役立つ特有の共通点があります。研究を手がけたトム・W・スミスのコメントを引きましょう。

「満足度が高い仕事とは、他人を気づかい、他人に新たな知見を伝え、他人の人生を守る要素を持っている」

確かに上位に並んだ職業は、どれも他人への貢献がわかりやすいものばかりです。聖職者は信者の悩みに日々よりそうのが仕事ですし、療法士や消防員は患者や被害者の苦しみを救い、教育者と芸術家は受け手に新たな情報や物の見方を伝えるのが職務です。

他方で、満足度が低い職業にランクインしたのは、倉庫ピッキング、レジ打ち、工場での単純作業などでした。これらの仕事が決して悪いわけではないものの、やはり「自分の働きが他人にどう貢献しているのか？」が見えにくいところが共通しています。倉庫や工場での作業は自分の行為で他人が喜ぶ姿を想像しづらく、そのぶんだけ私たちの幸福は下がってしまうのです。

このポイントを、専門的には「タスク重要性」と呼びます。**「その仕事がどれぐらい他人の生活に影響を与えられるか？」**を示した概念です。

「ヘルパーズハイ」を目指せる仕事を選べ！

「人のためになることをせよ」とはいかにもキレイごとのようですが、多くのデータが貢献のメリットを支持しているのは事実です。

あるリサーチでは、ボランティア活動を行う人ほどうつ病の発症率が低い事実が確認され[23]、また別の実験では「他人への小さな親切」を1日5回ずつ6週間ほど続けた被験者にも大きな幸福感の向上が認められました。[24]その意味で「貢献」の考え方とは、「科学的に正しいキレイごと」だと言えます。

さほどまでに社会への貢献が大事なのは、他者への親切によって人間が持つ3つの欲求が満たされるからです。

❶ **自尊心**：他人の役に立ったことにより、「自分は有能な人間なのだ」との感覚が生まれる

❷ **親密感**：親切のおかげで他人と近くなった気分になり、孤独感から逃れやすくなる

❸ **自律性**：「他人のためになった」という感覚が、「誰から指示されたわけではなく、自分で自分の幸せを選択できた」との気持ちにつながる

これらの欲求は人間が幸せを感じるためには欠かせず、うまく満たせない限り仕事へのやりがいは生まれません。

脳科学の研究でもこの事実は認められており、社会に役立つ行為をした直後には、頭のなかにドーパミンがあふれ出すことがわかっています。[25]これは「やる気ホルモン」として知られる神経伝達物質の一種で、多くの違法ドラッグで快楽が得られるのも一時的に脳内にドーパミンが増えるからです。

そのため一部の学者などは、親切による幸福度アップの効果を「ヘルパーズ・ハイ」と呼んでいます。わざわざドラッグの力など借りずとも、私たちは社会への貢献で十分ハイになれる、というわけです。

もちろん、違法な職業を除けば、他人のためにならない仕事など世の中に存在しません。倉庫ピッキングも世界に必要な物質をまわす行為の一部ですし、レジ打ちがいなければ経済は成り立たないでしょう。

が、ここで大事なのは、あくまで「自分の行為が他人の役に立った」事実を可視化しやすいかどうかであり、その点ではエンドユーザーとのふれあいが多い仕事や、クライアントと直にやり取りできる職業のほうが有利なのは間違いありません。適職を探す際は、ぜひ「貢献」の視点を取り入れてみてください。

7つの徳目で未来の可能性をポジティブに広げる

イニシャルリストを拡大する

幸福な働き方に必要な7つの徳目がわかったところで、実際にあなたの視野を広げる作業に取りかかりましょう。次の手順で行ってください。

(1)イニシャルリストを作る

まずは、現時点であなたが考える「仕事についての選択肢」を片っ端からリストアップしましょう。

◉ **いまの会社を辞めて他を探す**

- 営業職として働く
- A社の営業職として働く
- 食品メーカーの販売として働く
- いまのクライアント向けに起業する
- いまの会社にいたまま副業を始める

選択肢の内容はどのようなものでも構いません。いまの自分が将来の仕事をどのように変えていきたいのかを、思いつく限り書き出してください。なかには「まだ方向性が見えない！」といった悩みをお持ちの方もいるでしょうが、そんなときは素直に「よくわからない」とだけ書いていただければ構いません。

(2)「徳目アテンション」で可能性を探す

イニシャルリストを作ったら、次は「徳目アテンション」というテクニックを使って、自分でも思わなかったような未来の可能性を広げてみましょう。

その方法はシンプルで、適職について考える前に「7つの徳目」から好きなものを選びます。「自由」でも「達成」でもどれでも構わないので、とにかく気になる項目をひとつだけピックアップしてください。

たとえば、「今日は『自由』について考えよう」と決めたら、いったん本書の「自由」の解説を読み返し、どのような考え方だったかを確認します。そのうえで、適当な就職サイトをチェックしてみましょう。

ここで大事なのは、サイトの検索機能を使って職種や業種、年収などの条件で絞り込まず、サイトに表示された求人情報を片っ端からながめてみること。すると、次のような現象が起こります。

いままでなら気にもとめなかったフレーズに意識が向かい、あたかも新しい仕事の可能性が向こうから飛び込んで来るかのような気分になるはず。事前にピックアップした「自由」の考え方が脳裏にこびりつき、自分のペースで時間を過ごせそうな職業へ自動的に意識が引き寄せられるからです。その上で、気に入った選択肢があればイニシャルリストに追加します。

「『定時退社』『土日休み』『残業月平均10時間』みたいな言葉がやけに目につくなぁ……」

さらに、あなたが「まだ人生の大きな方向性すら見えない」という段階であれば、とりあえずネットの「職種一覧」や「職種図鑑」などのサイトで「徳目アテンション」を行うのもいいでしょう。

一般事務、インストラクター、デパート販売、受付、法人営業、オペレーターといった大きな職種をながめつつ、

❶この職業にどの徳目が当てはまりそうかを考える（「営業の方が自分の『攻撃型』の性質を生かせそうだな……」など）

❷少しでも良いと思った職種があれば書き出す

といった感じでリストを作ってみてください。特に正解はないので、あくまであなたの心が反応した項目を選べばOKです。

「徳目アテンション」を何度か実践すると、考えもしなかった職種が集まり始めます。個人営業や一般事務ぐらいしか選択肢がなかったところに、「販売もありだな」や「残業時間の少なさで考えるのもいいな」などと、新たな可能性が自然に集まってくるのです。

この現象は、心理学の世界では「選択的注意」などと呼ばれます。身のまわりに多様な情報があふれた状況のなかでも、あなたが重要だと認識した情報だけを選択し、自動的に注

意を向けてくれる脳の働きのことです。

にぎやかなパーティの最中でも、自分の名前だけは聞き取れてしまう現象は誰にでも心当たりがあるでしょう。これもまた「選択的注意」の代表的な例です。

すでに見たとおり私たちの脳は特定の思考に凝り固まる傾向が強く、いざ「視野を広げるぞ！」と力んでみても、そう簡単に思考を切り替えられません。**しかし、「この徳目について考えよう」と脳にフックを与えれば、注意の方向が半ば強引に切り替わってくれるのです。**

ちなみに、適職選びにまだ切羽つまっていないときは、朝に「今日は何の徳目について考えようか？」などと考え、そのまま1日を過ごしてみるのも手です。

たとえば「焦点」を意識しながら街に出ると、ついつい自分のモチベーションタイプについて考えてしまいます。「コンビニのレジ打ちは防御型だな……」や「アパレル営業は攻撃型……」といった思考が自然と頭に浮かび、そのぶんだけ頭がほぐれていくわけです。

筆者も定期的に実践していますが、街を歩くだけで思考が広がっていく気分はなかなか面白いもの。こちらも合わせて試してみてください。

（3）「徳目クエスチョン」でさらに未来の幅を広げる

続いても「7つの徳目」を参考にしながら、さらにイニシャルリストを拡大していきます。それぞれの徳目について、次のような質問を自分に投げかけてみましょう。

◉**自由**：仕事をする時間・場所・ペースを自分で決められそうな仕事や職種は他にないだろうか？

◉**達成**：仕事のフィードバックをハッキリと確認できそうな仕事や職種は、他に何があるだろうか？

◉**焦点**：自分のモチベーションタイプを生かせそうな仕事や職種は、他にどのようなものが考えられるだろうか？

◉**明確**：タスクの内容と評価システムがもっとハッキリした仕事や職種とは、どのようなものだろうか？

◉**多様**：プロジェクトの川上から川下まですべての工程に関われそうな仕事や職種は、他にないだろうか？

◉**仲間**：自分に似た人が多そうな仕事や職種は他にないだろうか？　仲良くなれそうな人が多い仕事や職種は他にないだろうか？

◉**貢献：**もっと他人への貢献が目に見えやすいような仕事や職種は他にないだろうか？
より多くの人の役に立てそうな仕事や職種はないだろうか？

思いついた答えは、どんなものでもイニシャルリストに加えてください。すべてのポイントを満たすような仕事が簡単に見つかるはずはないでしょうが、この段階ではあくまであなたの視野を広げるのが最大の目的です。誰に明かすわけでもないのだから、好きなように書き出しましょう。

（4）8つの質問でブロックを外す

いざ未来を広げる作業に取りかかったものの、なかなか別の選択肢を思いつけないという人は意外と多いものです。「人類が幸せになれそうな仕事の共通項とは？」といった問題を真剣に考えたことがある人は少ないため、なかなか視野狭窄のブロックを外せないのも無理はないでしょう。

「7つの徳目」を参考にしてもイマイチ別の選択肢が浮かばないときは、さらに次の質問について考えてみてください。いずれの質問も心理療法の世界などで精神の柔軟性を上げるために使われるもので、あなたの思考の限界を広げる効果を持っています。

❶イニシャルリストに書き出した選択肢がどれも選べなくなったとしたら、他にどのような可能性があり得るだろうか？
❷もしいまの時点でありあまるお金を持っていたら、イニシャルリストの選択肢を選ぶだろうか？
❸もしいまの時点で何の不安も心配事もないとしたら、他にどのような可能性があり得るだろうか？
❹いままでの努力（注ぎ込んだお金や時間など）がすべてムダだったとしたら、他にどんな選択肢があるだろうか？
❺このイニシャルリストが友人のものだったら、どんなアドバイスが頭に浮かぶだろうか？
❻イニシャルリストの選択肢を選ぶことにより、人生でできなくなってしまうことはないだろうか？（「友人と遊ぶ時間が減る」や「営業のスキルが伸ばせなくなる」など）
❼自分が尊敬する人は、イニシャルリストにどんな助言をしてくれるだろうか？（死んだ人でも架空のキャラでもＯＫ）
❽自分のコネクション（過去の仕事や友人など）を通じて、また別のオプションが考えられないだろうか？

この段階では、「7つの徳目」に当てはまらない仕事や職種、生き方を書き出してみても問題はありません。

確かにそれぞれの徳目を満たす仕事のほうが幸福にはつながりやすいですが、それでも「やっぱり給料が高い仕事は捨てがたい」や「なんだかこの会社はピンと来る」と思うならリストに加えてみましょう。たとえそれが幸福には結びつかない仕事だとしても、視野狭窄の罠にハマるよりはよほどマシです。

さらに言えば、「仕事は生活費を稼ぐ手段！ 幸福は趣味から得ればいいので、職業はなんでもいい」という選択肢に心をひかれるのであれば、それをリストに加えても構いません。仕事は仕事と割り切って趣味のために生きるのも、またひとつのライフスタイルです。人の生き方に貴賤はないので、この段階ではとにかくあらゆる可能性のリストアップを心がけてみてください。

ステップ2では、あなたの視野を広げるべく、仕事の幸福度アップに欠かせない7つの徳目を見てきました。**人間には「自分の視野の限界」を「世界の限界」だと思い込む傾向があるため、最高の職を探すためにはこのステップが欠かせません。**

実際にやってみるとわかりますが、未来を広げるのは楽しい作業です。給料や情熱、天職、強みといった既成の縛りから解放され、あたかも自分の可能性が広がったかのような気分になる人が少なくないのです。このステップでは、ぜひとも楽しみながら未来を広げてください。

5 多様 作業の内容にバリエーションはあるか？

- プロジェクトの川上から川下まで関与できるか？

6 仲間 組織内に助けてくれる友人はいるか？

- 組織内に自分に似た人（好きになれそうな人）はどれぐらいいるか？

7 貢献 どれだけ世の中の役に立つか？

- 「自分の行為が他人に良い影響をあたえた」事実を可視化しやすいか？

未来の可能性を広げるツール

1 イニシャルリストを作る

2 「徳目アテンション」で可能性を探す

3 「徳目クエスチョン」でさらに未来の幅を広げる

4 8つの質問でブロックを外す

適職探しにおける視野を広げ、
キャリアの選択肢を増やす。

仕事の幸福度を決める7つの徳目

1 自由

その仕事に裁量権はあるか？

- 労働時間や仕事のペースはどこまで個人の裁量にゆだねられるか？
- タスクの内容やスケジュールを自由に設定できるか？
- 収入や社内ルール等に好きな意見を言えるか？

2 達成

前に進んでいる感覚は得られるか？

- 仕事のフィードバックはどのように得られるか？
- 仕事の成果とフィードバックが切り離されていないか？

3 焦点

モチベーションタイプ（114ページ参照）に合っているか？

4 明確

なすべきことやビジョンはハッキリしているか？

- 組織に明確なビジョンはあるか？
その実現のためにどのようなしくみがあるか？
- 人事評価において、個人の貢献と失敗を目に見える形で判断できるしくみはあるか？

〈ステップ3〉

悪を取り除く

──最悪の職場に共通する8つの悪

STEP 3

Avoid evil

「みんな株を買うときは熱心に企業を研究するのに、転職になると急に質問をひかえて情報を集めなくなる」

ボリス・グロイスバーグ（1971-）
アメリカの経営学者
Boris Groysberg
Business scholar, America

幸福な仕事選びを妨げる要素とは？

ネガティブはポジティブより600％強い

「悪は善より強い」

科学の世界には、昔からそんな格言があります。社会心理学者ロイ・バウマイスターの論文で有名になったフレーズで、ネガティブな経験はポジティブな経験よりも心に残りやすく、頭から取り除くのが困難になってしまう事実を指したものです。

この現象は人生のあらゆるエリアで確認されており、たとえば男女の恋愛関係においては、ネガティブとポジティブの強度の比率はおよそ5：1であることがわかっています。[1]つまり、もしカップルが喧嘩を1回した場合は、プレゼントや旅行といった前向きなイベントが5回起きないと、ネガティブな感情を埋めあわせできないわけです。

ビジネスの世界ではさらに厳しい数字が出ており、ネガティブとポジティブの比率はだいたい6：1になります。[2]仕事でミスを1回犯したら、その埋め合わせには6回の成功が必要だというのだから、なんとも大変な話です。

この法則は、適職探しにおいても例外ではありません。

ステップ2では人間を幸福に導く7つの徳目をベースに未来の可能性を広げていただきましたが、その次に重要になるのが「ネガティブな要素」の存在です。

やりがいのある職場だが労働時間が長すぎる、夢の仕事に就いたはいいがどうしても上司が好きになれない、会社の仲間たちは大好きだが上層部の価値観に共鳴できない――。

いくら自由が効く仕事や達成感のある仕事に就いたとしても、働く環境にひとつでもマイナスの要素があれば、「7つの徳目」がもたらすメリットが無になりかねません。

脳科学のデータによれば、私たちの頭はネガティブな情報を3〜4秒ほどで処理するのに対し、ポジティブな情報を長期の記憶として取り込むまでには12秒もかかります。ネガティブな感情はそれだけ素早く人間の頭に入り込み、ウイルスのように広がっていくものなのです。

要するに、仕事のポジティブな側面ばかりに目を向けていては、あなたの幸福度は上がりません。仕事から安定して満足感を得るためには、職を選ぶ前にできるだけネガティブな要素を排除しておく必要があります。

「悪」に満ちた職場は受動喫煙よりも体に悪い

仕事における「悪」とはいかなるものでしょうか？　幸いにもこの問題については質の高いメタ分析がいくつか行われており、「人間がストレスを感じやすい職場の条件」が示されています。

有名なのは組織行動学者のジェフリー・フェファーが手がけたメタ分析で、シカゴ大学が1972年から毎年のように実施した全国調査を使った大規模な研究です。[3] 研究チームはデータに細かな感度解析を行い、「従業員に悪影響をおよぼす労働条件」を絞り込みました。結論から言えば、私たちに悪影響をおよぼす職場の特徴は、2つに大別されます。

❶ **時間の乱れ**

❷ **職務の乱れ**

「時間の乱れ」は、働く時間の混乱が原因で健康リスクが増大するパターンです。やたらと労働時間が長かったり、出勤時間がコロコロ変わったり、プライベートを過ごす時間がなかったりと、労働のタイミングに問題がある状態を指します。

もうひとつの「職務の乱れ」は、仕事や報酬の内容に一貫性がないせいで体を崩すパターンのこと。タスクの内容がバラバラだったり、賃金の支払い基準が不公平だったりと、労働の内容にストレスを感じてしまうような状況です。

これらの条件を満たす職場で働く人は肺がんや胃がんなどの発症率が上がり、うつ病や不安障害に苦しみやすく、通院の期間も長くなり、最終的には早死にする傾向があります。

いかにも体に悪そうな話ですが、同論文は「職場におけるストレスは受動喫煙よりも体に悪い」と結論づけています。受動喫煙が肺がんや心疾患のリスクを増大させるのは周知の事実ですが、ネガティブな職場がもたらす心身のダメージは、それを40％も上回るというから実に恐ろしい話です。

【特徴1】時間の乱れ

週3のシフトワークで体内時計が破壊される

あなたの心身を破壊する職場の「悪」について簡単に見ていきましょう。前提として、「時間の乱れ」は次のサブカテゴリに分かれます。

- **シフトワーク**
- **長時間通勤**
- **長時間労働**
- **ワークライフバランスの崩壊**

いずれも心身には悪影響がありますが、まず考慮しておきたいのが「シフトワーク」です。不特定なタイミングで深夜や早朝に働かねばならない仕事のことで、2万人の労働者を調べた2014年のメタ分析によれば、9時5時で働く人と比べた場合、週に3回以上のペースでシフトワークを行う人は糖尿病の発症リスクが42％上がり、コレステロールや血圧も激増していました。[4]また別の研究では、年に50日以上のシフトワークを続けた人は、脳機能のスコアが大きく低下しており、この数値を年齢に換算すると同年代の人に比べて平均で6・5歳ほど脳が衰えた計算になります。[5]

かくもシフトワークが体に悪いのは、体内時計のリズムを破壊するからです。

私たちの体は日の入りとともに睡眠をうながすホルモンを分泌し、適切に体を休めてコンディションを調整するように設計されています。にもかかわらずシフトワークで人体のリズムを乱すと睡眠の質が下がり、メンタルと体の両方に甚大な悪影響を及ぼすのです。

シフトワークは社会のインフラに関わる職種が多く、その意味で社会的に貢献度の高い働き方ではあるものの、一方では人体に避けがたいダメージを与えるのも事実です。仕事を選ぶときには、必ず考慮すべきポイントと言えるでしょう。

通勤時間が長いと太って離婚しやすくなる

長時間の通勤が好きな人はいないでしょう。すし詰めの電車にゆられて過ごす時間はストレス以外の何ものでもありませんし、ここ数年のデータも**「通勤時間が長くなるほど人生が不幸になる」**との結果を示しています。

有名なのは経済学者のブルーノ・フライが発表した論文で、1985〜2003年にかけて行われた幸福度調査を分析し、「長時間の通勤がもたらすストレスの高さは年収が40%アップしないと割に合わない」との結論を導き出しています。[6]たとえば、長時間の通勤に耐えながら年収400万円をもらう人がいた場合、その苦痛は年収が560万円に上がらないと埋め合わせることができない、というわけです。

同様にカリフォルニア大学が10万人の健康データを分析した調査では、通勤時間が長い人ほど肥満が多いうえに離婚率まで高いとの傾向も出ています。[7]長時間通勤は、あなたの体型と結婚生活にまでダメージを及ぼすわけです。

このような結果が出たのは、長時間の通勤には私たちのライフスタイルをむしばむ作用があるからです。ブラウン大学の研究チームは、通勤時間が1分増えるごとに次のような健康リスクが起きると推定しています。[8]

- 運動時間が0・0257分ずつ減る
- 睡眠時間は0・2205分のペースで少なくなる

日本人の通勤時間の平均は往復1時間17分なので、おおまかに換算すると年間で約63時間も睡眠時間が消えていることになります。海外と日本では通勤事情が異なるものの、東京の通勤ラッシュは世界的に悪名が高いことを考えれば、事態はより深刻なのかもしれません。

いったん遠い会社に勤めてしまったらそう簡単に引っ越すわけにもいかないため、これもまた必ずチェックしておきたいポイントです。

週41時間以上の労働で脳卒中のリスクが上がる

働きすぎが体に悪いのはもはや常識。いまや「過労死」も世界に通じる言葉になったように、働きすぎのストレスがあなたの幸福を破壊するのは間違いありません。

具体的な数値を挙げると、長時間労働と健康リスクの関係はこうなります。

- 週の労働時間が40時間までなら目立った問題は出ない
- 週の労働時間が41〜48時間になると脳卒中が起きるリスクが10%高まる
- 週の労働時間が55時間を超すと、脳卒中リスクが33%、心疾患リスクが13%、糖尿病リスクが30%高まる

以上の知見は、ヨーロッパ、アメリカ、日本などから約22万人分のデータを集め、およそ8年にわたる追跡調査を行って明らかになった事実です。[9]

データの傾向は世界中で一致しており、週の労働が40時間を過ぎたあたりから体が壊れ始め、週55時間を超えると確実にあなたの心身は崩壊に向かい始めます。厚労省は月80

時間を超す残業を「過労死ライン」に定めていますが、この基準よりもかなり下の段階から早期死亡リスクは高まるようです。

この問題ばかりは、いかに普段からストレス対策をしていようがふせぎようがありません。くれぐれもご注意ください。

休日仕事のストレスは本人でも気づけない

先のメタ分析によれば、「時間の乱れ」のなかでもっとも人体への害が大きかったのは「ワークライフバランスの崩壊」でした。プライベートに仕事を持ち込む働き方のことで、その悪影響は受動喫煙のダメージをはるかに上回ります。

具体的なデータも多く、およそ２６００人を5年にわたって追跡したリサーチでは、プライベートと仕事を切り分けずに働き続けた人は、うつ病にかかる率が１６６％も高く、不安障害の発症率も１７４％ほど上昇していました。[10]約２０００人を対象にした別の研究でも、帰宅後も仕事を続ける人は幸福度が40％下がる傾向が認められています。[11]

ワークライフバランスの崩壊が体に悪い理由は自明でしょう。人体が満足に働くためには必ず休憩が必要であり、仕事がプライベートを侵食すれば、当然ながらストレスは激増します。

が、さらに問題なのは、プライベートで仕事のことを「考えただけ」でも私たちの幸福度が激減してしまう点です。

イギリスで行われたワークライフバランスの研究を見てみましょう。[12]チームは金融関係の仕事をするビジネスマンに「普段からどれぐらい仕事をプライベートに持ち込んでいるか？」を尋ねた後、専用の計測器でストレスを記録するように指示しました。

その後、２ヶ月にわたってデータを集めて浮かび上がったのが次の事実です。

- 休日や退社後に少しでも仕事について考えた人は有意にストレスレベルが増える
- 仕事について考えたストレスは運動やマッサージなどの対策では軽減できない
- 大半の人は、体にはストレス反応が出ているにも関わらず、「私はストレスを感じていない」と回答した

一番恐ろしいのは最後のポイントでしょう。たとえば日曜日に「そう言えばあの書類どうなったかな……」と少し思っただけでも、あなたは自分のストレスに気づけないまま心

身を削り取られてしまうのです。

本人の性格の問題も大きいため一概には言えないところではありますが、少なくとも「休日に上司が普通に連絡してくる会社」や「休暇中の仕事が当たり前な文化を持つ企業」は避けるべきです。

〘特徴2〙職務の乱れ

「自由な働き方」に実は自由がない理由

続いて「職務の乱れ」がもたらすダメージに移りましょう。こちらは次のサブカテゴリに分かれます。

◉雇用が不安定
◉ソーシャルサポートがない
◉仕事のコントロール権がない
◉組織内に不公平が多い

このうちで「仕事のコントロール権がない」と「組織内に不公平が多い」はステップ2の「自由」と「明確」で触れた観点なので、それ以外の2つのポイントを簡単に説明します。

まずひとつめの「雇用の不安定」は、急に同僚が解雇されたり、断続的にしか仕事の依頼を得られなかったりと、安定感のない働き方が人体にもたらす悪影響を指します。

これまた難しいポイントですが、ここで「雇用の不安定」の問題を考えるために役立つのは「ギグエコノミー」に関するデータでしょう。「ギグエコノミー」とは企業に雇用されずにプロジェクトごとに仕事を請け負う働き方のことで、場所や時間を選ばない「自由な暮らし」としてあこがれる人も少なくありません。

特に近年は「個人の時代」などと言われ、日本でもフリーランスや個人事業主をサポートするサービスが増加。なかには「正社員になるな」や「会社という形態は終わりつつある」といった言説まで耳にするようになりました。一人で生き抜くためのスキルを身につけようと、焦りを感じている方も多いかもしれません。

が、ギグエコノミーが幸福への道かと言われれば、大きな疑問が残ります。

たとえば、2018年にオックスフォード大学がアジア圏の国でフリーとして働く658人にインタビューを行い、ネットを通じたギグエコノミーで人生の満足度が上がったかを調べました。[13] そこでまずわかったのは、「最初はみんな自由に働けて気分が上がるが、長期的には心身の健康を崩す」という事実です。

理由は簡単で、不安定な賃金や勤務スケジュール、次の仕事が見つからない不安などがストレスになり、長く続けるほどストレスがたまっていくからです。 さらに言えば、フリーとして安定した仕事を得るには会社員よりも高い評判を保ち続けねばなりませんし、保険などのライフラインも自分で用意する必要があります。これらもまたメンタルに負荷を与える大きな要素です。

社会学者のジェームズ・エバンスによる調査でも、シリコンバレーでギグエコノミーに参加した人の多くが評判の維持に追われ、期待したほどの自由を感じていなかったと報告されています。[14] 新時代の働き方といえば聞こえは良いものの、実際には見た目ほどの自由はないようです。

ただし、ギグエコノミーで幸福度が上がったとのデータも存在してはいます。

たとえばＩＮＳＥＡＤが行った研究では、ギグエコノミーの参加者は会社員よりも平均で33％ほどメンタルヘルスのスコアが高く、多くの人は１０５ページで指摘したような「裁量権の増加」をギグエコノミーのメリットとして挙げています。[15、16]

何やらデータが矛盾しているようですが、そんなことはありません。というのも「ギグエコノミーで幸福度が上がった」と報告したデータの多くは、「高度なプロフェッショナルほどフリーな働き方によるメリットを得やすい」との事実も示しているからです。

簡単に言えば、統計や語学などの専門的なスキルを持った人はギグエコノミーで幸福になり、クラウドソーシングなどで安い仕事を受注し続ける人はギグエコノミーで不幸になります。スキルが高い人が成功しやすいのはどの世界でも当たり前の話であり、ことさらギグエコノミーを賞賛する理由にはならないでしょう。本当に重要なのは「雇用かフリーか？」の二択ではないわけです。

ソーシャルサポートがない職場の悪影響は喫煙と同じ

Google社が「プロジェクト・アリストテレス」というリサーチチームを立ち上げ、従業員の働き方を最適化する方法を探し始めたのは2012年のこと。チームは社内の180の部署に広範なインタビューを行い、生産性が高いチームは何が違うのかを調べ上げました。

そこでわかった最終的な結論は、「最高のチームに必要なのは『心理的安全』だ」というものです。「心理的安全」はチームに対する信頼感のことで、ざっくり言えば「どんなにヒドい失敗や恥ずかしいミスをしても、この仲間ならバカにもされないし適切に助けてくれるだろう」と思える感覚を意味します。

心理的安全の重要性に比べれば、その他の要素はほとんど影響力を持ちません。いかにカリスマ的なリーダーがいようが、いかにチームメンバーの能力が高かろうが、心理的な安全性がもたらすメリットに比べればゼロに等しかったのです。

Googleによるこの発見は、昔から「ソーシャルサポート」と呼ばれてきた論点です。職場の同僚との関係性が私たちの幸せに大きくかかわることは1970年代からよく知られており、社内に良い友人がいない人ほど心疾患や癌にかかりやすい事実が確認されてきました。

参考までに2010年のメタ分析を見てみましょう。[17] これは約30万人を対象に「ソーシャルサポートの有無と死亡率」を調べたもので、良い同僚や上司にめぐまれない人は、そうでないグループと比べて平均50%ほど早く死亡する傾向がありました。

その悪影響について、研究チームは「運動不足や喫煙よりも悪影響が大きい」と指摘しています。ソーシャルサポートがない職場に居続けるぐらいなら、毎日タバコを吸い続けるほうがまだマシだ、というわけです。

さほどにソーシャルサポートが大事なのは、人類が社会的な動物として進化してきたからです。

人類が進化した原始の環境では、仲の良い人に囲まれながら暮らさない限りは外敵に立ち向かえず、満足に食料を手に入れることもできませんでした。そんな環境で進化した結果、私たちは周囲に仲間がいないと本能的な危機感を覚えるようになったのです。

ソーシャルサポートの有無は外からの判断が難しいポイントではありますが、ひとまず次のポイントには注意してください。

●社内での出世競争が激しすぎるような兆候はないか？
●マネージャーが従業員の成果にフィードバックを与えるシステムはできているか？
●フィードバックを管理職の自主性だけに任せていないか？
●育児や出産休暇、健康維持のための補助金システムなど、社員に「困ったときは会社がどうにかする」というメッセージを発しているか？
●社内でどのような交流イベントが行われているか？

職場の「8大悪」ワースト・ランキング

あなたの幸福を破壊する職場の8つの「悪」は以上です。

先に取り上げたメタ分析などによれば、それぞれの「悪」をダメージが大きい順番に並べると、次のようになります。

❶ワークライフバランスの崩壊
❷雇用が不安定
❸長時間労働
❹シフトワーク
❺仕事のコントロール権がない
❻ソーシャルサポートがない
❼組織内に不公平が多い
❽長時間通勤

全体的に見れば、やはり「作業負荷の多さ」と「仕事の不安定さ」という2つのポイントが大きいようです。目当ての会社に当てはまる点がないかどうか、いま一度チェックしてみてください。

もちろん、職探しの段階ですべての「悪」を見抜くのは不可能ですが、実際のところ、転職エージェントや面接官からネガティブな側面を聞き出そうとする人は意外なほどいません。**人生の方向を決める一大事にも関わらず、いざ面接になると遠慮してしまうケースが実に多いのです。**

ハーバードの経営学者ボリス・グロイスバーグは、「みんな株を買うときは熱心に企業を研究するのに、転職になると急に質問をひかえて情報を集めなくなる」とコメントしています。[18] 未来の上司や同僚からマイナスな印象を持たれたくないあまり、面接などの場面で積極的な質問をひかえてしまうのは世界的な現象のようです。

しかし、真剣に適職を探しているなら質問をためらう必要はありません。面接官に尋ねてもいいし、従業員へ直に聞いてみるのもいいでしょう。「賃金の査定システムは？」「社内の競争は激しいか？」「仕事の裁量権はどこまであるか？」など、先に挙げた「職場の8大悪」に関することは最低でも聞いておいてください。

ここでもし相手が質問に口ごもったり、嫌な顔を見せたり、明確な答えを返すことができなかったら危険信号。その会社には問題があると言えるでしょう。

幸福な仕事を探すための3つの意思決定ツール

リストを絞り込む

さて、ここまでのステップで、あなたは仕事に関する3つの重要な〝ものさし〟を手に入れました。

❶**仕事の幸福とは関係がない要素**（ステップ1・仕事選びにおける7つの大罪）
❷**仕事の幸福につながりやすい要素**（ステップ2・仕事の幸福度を決める7つの徳目）
❸**仕事の幸福を破壊する要素**（ステップ3・最悪の職場に共通する8つの悪）

幸福度が高い仕事はこれらのバランスで決まりますが、当然ながらすべてのポイントを満たすような仕事が容易に見つかるはずはありません。同僚は好きだが上司が嫌いだったり、作業の内容には情熱を持てるが通勤時間が長かったりと、どんなに良い会社でも必ずマイナス点が存在するものです。完璧な職場だけを求めていては、いつまでたっても良い仕事は見つからないでしょう。

この問題を解決すべく、ここからは**現時点でもっともあなたを幸せにしてくれそうな仕事を選ぶ作業**に移ります。3つの〝ものさし〟をベースに最適な仕事について考え、ステップ2で作った候補リストを絞り込んでいく大事なポイントです。

具体的に使うテクニックは3つで、いずれもビジネスや投資などの意思決定に使われる手法であり、実践すれば良い仕事を選べる確率は間違いなく高まります。簡単な順に紹介しましょう。

〈レベル1〉プロコン分析

「プロコン分析」は18世紀から存在する定番の意思決定法で、ざっくりした方針を決めたいときに使えるツールです。複雑な手順がいらないため、「この会社を辞めるべきかどうか？」や「この転職先に決めるべきか？」のような単純な選択に悩んだときに使うと、大きな力を発揮してくれるでしょう。

「プロコン分析」のプロはラテン語の「ｐｒｏｓ（賛成の）」、コンは「ｃｏｎｓ（反対の）」から来ており、特定の選択肢についてメリットとデメリットを並べる形で行います。

（1）悩みの記入

１７７ページの表のように、リストの最上段に自分の悩みを断定形で書いてください。「この会社を辞めるべきか？」なら「この会社を辞める」、「この転職先に決めるべきか？」なら「この転職先に決める」のようになります。

（2）プロコンのリストアップ

自分の悩みについて「プロ（メリット）」と「コン（デメリット）」の2つを思いつく限り並べましょう。

「給料が下がる」のように数字で示せるものを書いてもいいし、「気分が変わる」のように主観的な気分の変化を並べても構いません。あなたにとってのメリットとデメリットを好きにリストアップしてください。

プロコン分析

この会社を辞める			
プロ	**重要度**	**コン**	**重要度**
嫌な上司から離れられる	5	給料が下がる	4
退職金がもらえる	3	退職金の額は少なくなる	2
人事評価をリセットできる	1	年金が少なくなる	1
気分をリフレッシュできる	5	履歴書の印象が 悪くなるかも……	2
		転職先で一から やり直しになる	3
		福利厚生が不利になる	1
合計	**14**	**合計**	**13**

(3)プロコンの採点

リストアップしたプロとコンについて、それぞれ重要度を5点満点で採点します。最高に大事なら5点ですし、ほとんど重要でないなら1点です。

(4)最終判断

プロとコン両方の重要度を合計して終了です。上の表ではプロの合計が1点上回っており、現時点では「この会社を辞める」メリットの方が大きいと考えられます。

〔レベル2〕マトリックス分析

「プロコン分析」は手軽なテクニックですが、複数の選択肢からベストを選ぶような意思決定には向きません。複数候補から「どれがいいか？」を絞り込みたいときなどは、もう少し複雑なツールが必要になります。

そこで役に立つのが「マトリックス分析」です。デザインエンジニアのスコット・ピューが開発した技法で、感情に流されない客観的な判断力を上げる効果が高く、いまでは米軍の意思決定などにも使われています。[19]次のように行ってください。

（1）基準のリストアップ

まずは179ページの表のように、ここまで見てきた「仕事の幸福につながりやすい要素」と「仕事の幸福を破壊する要素」を一番左の「基準」列にリストアップします。

サンプルでは12種類の要素を並べていますが、もし現時点で当てはまらないものがあれば削除して構いません。たとえば、いま入社を考えている企業の候補に「シフトワーク」で働く会社がないような状況です。どの基準を使うべきかがよくわからないときは、とり

基準	重み	A社	B社	C社
ワークライフバランス		3	4	2
雇用の安定		2	3	2
労働時間		2	2	1
シフトワーク		1	2	5
通勤時間		3	3	1
自由（仕事のコントロール権）		3	2	3
達成（フィードバックシステムの有無）		2	3	2
明確（タスク、ビジョン、評価の明確さ）		3	2	2
多様（プロジェクト全体への関与）		2	1	2
焦点（モチベーションタイプ）		3	3	4
仲間（ソーシャルサポートの有無）		4	2	2
貢献（他人へどれだけ役立っているかが目に見える）		2	3	5
	合計			

あえずサンプルの表と同じものを並べてください。

(2)候補のリストアップ

一番上の行に、あなたが望む仕事の候補をすべて書き込みます。この例では具体的な会社を記入していますが、まだはっきりした候補がないときは「法人営業」や「一般事務」のように職種を並べてもいいですし、「メーカー系」や「マスコミ系」などの業種を並べても問題ありません。

(3)重要度の記入

それぞれのマスに、5点満点で重要度を記入していきます。「とても良い」なら5点を、「とても悪い」なら0点をつけてください。

たとえば、現時点で「A社は労働時間が長い」とわかっているなら、「A社と労働時間」のマスには0点か1点をつけ、「B社は作業の自由度が高い」と判断できる場合は4点か5点をつければいいでしょう。もし、まだくわしいことがわかっていなければ、とりあえずは印象で採点しておき、新たな情報が手に入った時点で数字を書き換えるようにしてください。

（4）重みの決定

それぞれの基準ごとに「重み」を3点満点で設定します。それぞれの基準を見て、あなたが「これは大事だ」と思うなら3点を、「まぁまぁ大事」なら2点、「普通」なら1点をつけてください。

（5）最終判断

先に採点した「重要度」と「重み」を各マスごとにかけ算し、すべての点数を出します。全マスの計算が済んだら、それぞれの候補ごとの点数をすべて足し合わせて終了。182ページの表の例では、現時点の候補内ではC社がもっとも有望と判断できました。

基準	重み	A社	B社	C社
ワークライフバランス	3	9	12	6
雇用の安定	1	2	3	2
労働時間	2	4	4	2
シフトワーク	3	3	6	15
通勤時間	2	6	6	2
自由（仕事のコントロール権）	3	9	6	9
達成（フィードバックシステムの有無）	3	6	9	6
明確（タスク、ビジョン、評価の明確さ）	1	3	2	2
多様（プロジェクト全体への関与）	1	2	1	2
焦点（モチベーションタイプ）	1	3	3	4
仲間（ソーシャルサポートの有無）	3	12	6	6
貢献（他人へどれだけ役立っているかが目に見える）	3	6	9	15
	合計	65	67	71

〈レベル3〉ヒエラルキー分析

最後に「ヒエラルキー分析法」というテクニックを紹介しましょう。統計学者のトーマス・L・サーティが米国防総省で軍縮問題に取り組んだ際に考案したテクニックで、マイクロソフト社のソフト品質測定、ペンシルバニア大学の教授選抜、アメリカ農務省のマネジメント選定などにも使われるほか、世界中の大学でも専門の教育コースがあるほどです。

客観的なデータだけでなく主観的な好みも判断材料として組み込めるため、「適職探し」のように個人的な問題を解決するのにも向きます。[20] そのぶん手順が複雑なのが難点ですが、意思決定の精度を高めるツールとしてはベストと言えるでしょう。

(1)レベル1設定

185ページの表のように、まずレベル1の階層に、自分が目指す最終的なゴールを設定します。「ベストな転職先を探す」でも「転職すべきかどうかを決める」でも、仕事にまつわる選択であればどのようなものを選んでも構いません。

（2）レベル2設定

レベル2の階層には、ここまで見てきた「仕事の幸福につながりやすい要素」と「仕事の幸福を破壊する要素」をリストアップします。

サンプルでは12種類の要素を並べていますが、もし現時点で当てはまらないものがあれば削除してください。どの要素を使うべきかがよくわからないときは、とりあえずサンプル図と同じものを並べておけばいいでしょう。

（3）レベル3設定

レベル1のゴールを達成するために必要な情報を、レベル3に書き込みます。ゴールが「ベストな転職先を探す」ならレベル3には希望の転職先を並べ、ゴールが「転職すべきかどうか決める」なら、レベル3には「転職する」と「しない」の2つを並べればOKです。

（4）レベル2評価値の設定

本来の「ヒエラルキー分析法」では、ここからすべての要素をひとつずつ付き合わせていくのですが、計算の煩雑さをふせぐためにここでは簡易バージョンを使います。次の手順に従って、レベル2に並べたリストを採点しましょう。

階層図

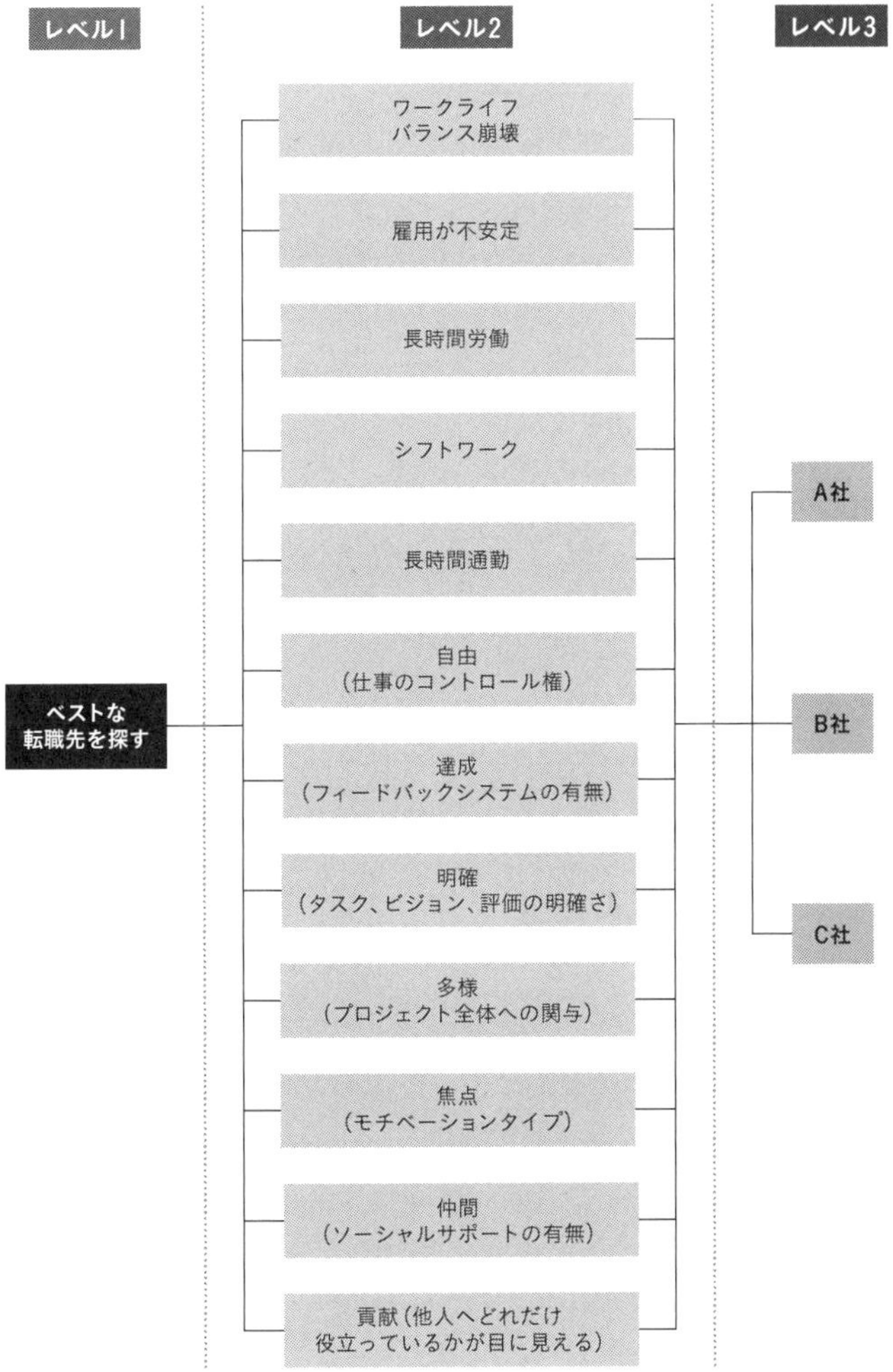
レベル1
レベル2
レベル3
ベストな
転職先を探す
ワークライフ
バランス崩壊
雇用が不安定
長時間労働
シフトワーク
長時間通勤
自由
（仕事のコントロール権）
達成
（フィードバックシステムの有無）
明確
（タスク、ビジョン、評価の明確さ）
多様
（プロジェクト全体への関与）
焦点
（モチベーションタイプ）
仲間
（ソーシャルサポートの有無）
貢献（他人へどれだけ
役立っているかが目に見える）
A社
B社
C社

まず、リストの数に従って採点の方式を決めてください。たとえばサンプルではレベル2のリスト数が「12」なので、「1、3、5、7、9、11、13、15、17、19、21、23」という12種類の数値を割り振ることになります。同じように、リスト数が「3」なら「1、3、5」という3つの数値を使います。採点に使う数値には偶数を使っても構いませんが、奇数だけを使った方があとで楽でしょう。

続いて、レベル2のリストについて、あなたが「これは大事だ」と評価する順番を決めて、その順番に従って先ほど決めた数値を割り振ります。評価が高いものには大きい数字をつけ、評価が低ければ小さい数字をつけてください。

重要度の判断は、あなたの「主観」で決めていただいて問題ありません。直感で「こっちの方が大事だ」と思ったものに、高い数値を割り振ってみてください。

「主観で決めて大丈夫か？」と思われるかもしれませんが、そもそも「ヒエラルキー分析法」は、人間の勘や直感というウェットな部分を合理的に煮詰めるために開発されたテクニックです。現時点では主観に頼って構いません。

もし各項目の評価に困ったら、172ページで見た「8大悪のワースト・ランキング」などを参考にしてください。この評価値は定期的に修正していくのが普通なので、まずは

レベル2重要度

	評価値	重要度
ワークライフバランス崩壊	15	0.10
雇用が不安定	13	0.09
長時間労働	7	0.05
シフトワーク	9	0.06
長時間通勤	1	0.01
自由（仕事のコントロール権）	19	0.13
達成（フィードバックシステムの有無）	17	0.12
明確（タスク、ビジョン、評価の明確さ）	11	0.08
多様（プロジェクト全体への関与）	5	0.03
焦点（モチベーションタイプ）	3	0.02
仲間（ソーシャルサポートの有無）	21	0.15
貢献（他人へどれだけ役に立っているかが目に見える）	23	0.16
	144	1.00

暫定的に数値を決めてしまいましょう。

（5）レベル2の重要度を出す

レベル2で採点した評価値から重要度を計算します。ここからは手計算だと面倒なので、表計算ソフトを使ってください。重要度は「各項目の評価値÷評価値の総和」のように計算します。

たとえば187ページの表では12個の評価値の合計が144なので、「ワークライフバランス崩壊」の重要度を出す場合は「15÷144＝0・10」となります（小数点第3位で四捨五入）。すべての項目で同じ手順をくり返し、それぞれの重要度を算出してください。

（6）レベル3の重要度を出す

レベル3についても、レベル2と同じように重要度を出しましょう。ここでは、レベル2の項目と、あなたがリストアップした「良さそうな仕事」にそれぞれ点数をつけます。

たとえば、189ページの表のように「ワークライフバランスの崩壊」の重要度を出す場合で考えてみましょう。このときはまず、A社、B社、C社というそれぞれの候補について、「果たしてこの会社のワークライフバランスはどうだろう？」と考えたうえで、それ

ワークライフバランス崩壊のレベル3重要度

	A社	B社	C社	合計
評価値	5	3	1	9
重要度	0.56	0.33	0.11	1

自由（仕事のコントロール権）のレベル3重要度

	A社	B社	C社	合計
評価値	5	1	3	9
重要度	0.56	0.11	0.33	1

焦点（モチベーションタイプ）のレベル3重要度

	A社	B社	C社	合計
評価値	3	5	1	9
重要度	0.33	0.56	0.11	1

ぞれの会社の評価値を決定します。数値の割り振りは、レベル2で評価値を設定したときと同じ感覚で構いません。ざっくりと次のような基準で採点してください。

5＝良い
3＝普通
1＝悪い

この例では、A社のワークライフバランスは「良い」と判断したので5点を、B社は「普通」との判断で3点、もっとも「悪い」と判断したC社には1点をつけています。

ここでの注意点は大きく3つです。

◉**採点には主観と客観を使う：**点数をつける際には、主観と客観の両方を使って判断します。現時点で各社のワークライフバランスについて確かな情報があるならそのデータをもとに採点すればいいですし、まだ調査が進んでいない段階であれば主観で判断します。

◉**点数のダブりは厳禁：**なかには「A社とB社のワークライフバランスは同じぐらいだな……」と思うケースもあるでしょうが、ここでどちらにも3点をつけてしまうと最終的な判断が難しくなってしまいます。ただの印象をベースにしてもいいので、必ずすべての選択肢に優劣をつけてください。

●**評価値の量は選択肢に応じて増やす**：この例ではA社＋B社＋C社の3社だけを比べていますが、なかには3つ以上の選択肢を比べたいケースもあるでしょう。その場合は、選択肢の数に応じて評価値の量を増やしてください。

あとは、再び「各項目の評価値÷評価値の総和」の式に従って、それぞれの重要度を計算しましょう。この例では「A社＋B社＋C社＝9点」なので、ワークライフバランスにおけるA社の重要度は「5÷9＝0・56」となります（小数点第3位で四捨五入）。同じ要領で、レベル2のすべての項目の重要度を出していけば終了です。

なかなか面倒な作業ですが、意思決定の精度を高めるためには、このような項目ごとの比較が欠かせません。人間の脳は複数の候補から判断を行うのが苦手で、一度に大量の選択肢を目の前にすると冷静な判断力を失ってしまうからです。

が、そこで選択肢をひとつずつ比べていけば、それぞれの企業や職場のメリットとデメリットがクリアになり、より合理的な判断が可能となります。これは「一対比較」と呼ばれる手法で、より正しい意思決定を行うには欠かせないテクニックです。

（7）総合評価

すべての重要度を出したら、すべての数値を合わせて最終的な評価を出します。再び「ワークライフバランスの崩壊」を例にしつつ、段階ごとに見ていきましょう。

❶**レベル2とレベル3の重要度をチェック：**まず「レベル2重要度」（187ページ参照）で計算した「ワークライフバランスの崩壊」を見ると、数値が「0・10」になっています。続いて「レベル3重要度」（189ページ参照）で算出した「ワークライフバランスの崩壊」とA社の重要度を見ると、こちらは「0・56」です。

❷**重要度をかけ合わせる：**「ワークライフバランスの崩壊」とA社の重要度をかけてください。この例では「0・10×0・56＝0・056」となります。

❸**重要度のかけ合わせをくり返す：**その後も、「自由の重要度×A社の重要度」「焦点の重要度×A社の重要度」といったように、レベル2と3の項目をすべてかけ合わせましょう。それが終わったら、B社、C社などでも同じ作業をくり返し、すべての重要度を計算してください。

❹**レベル3の重要度をすべて足し合わせる：**最後にレベル3の項目ごとに重要度を足し合わせます。193ページの表の例で言えば、A社の「ワークライフバランス」「自由」「焦

総合評価

	ワークライフバランス	自由	焦点	総合評価
A社	0.10×0.56	0.13×0.56	0.02×0.33	0.1354
B社	0.10×0.33	0.13×0.11	0.02×0.56	0.0586
C社	0.10×0.11	0.13×0.33	0.02×0.11	0.0561

点」などの項目を足したものが最終的な総合評価になります。こちらも同じように、B社、C社とすべての項目で重要度を足してください。

❺総合評価を比べる：最後に、すべての総合評価を見て判断してください。この例ではA社の数値が「0・1354」でもっとも高得点なので、3つの候補のなかでは優先すべきだと考えられます。

これで「ヒエラルキー分析法」は終了です。手順だけ見ると複雑そうですが、いったん表計算ソフトで組んでしまえばさほどの手間でもありません。もちろんこれでベストな職が選べるとまでは言わないものの、最後まで行えば確実に意思決定の精度は上がります。

また、当然ながらこの分析は一回やって終わりではありません。今後のリサーチで新たな情報が入ったり自分の価値観に変化が起きたりした場合は、そのたびに評価点を変えていくのが普通ですし、さらには次のステップでも意思決定の精度を高める作業をくり返していくため、そこでもまた点数は変わっていくでしょう。

いずれにせよ、「ヒエラルキー分析法」は「適職選び」という不確実な状況であなたを導くコンパスとして働いてくれます。もちろん職探しに唯一の正解などないものの、おおまかな方向性がわかるだけでも心のよりどころになるはずです。

本ステップでは、適職選びの際に考慮すべき職場の「悪」と、適職の絞り込みに役立つ分析テクニックを見てきました。**どんなテクニックを使った場合でも、ただぼんやりと仕事を選ぶよりも成功率は高まるはずです。**

が、科学的に正しい適職選びはまだ終わりません。過去の研究によれば、たんに企業のデータや自己の好みを分析しただけでは、本当に精度が高い意思決定にはまだたどりつけないことがわかっているからです。

果たして、正しい職業分析をさまたげる要因とは何か？　あなたの適職選びを誤らせる最大のポイントとは何か？　次のステップで見ていきます。

仕事におけるネガティブな要素をできるだけ排除してから、
選択肢を絞り込んでいく。

最悪の職場に共通する8つの悪

1. ワークライフバランスの崩壊
   ×休日の業務連絡が普通にある、休暇中の仕事が当たり前
2. 雇用が不安定
   ×急な解雇、収入や仕事が途絶える不安がある
3. 長時間労働
   ×週41時間以上の労働
4. シフトワーク
5. 仕事のコントロール権がない
6. ソーシャルサポートがない
   ×組織内の競争が激しすぎる　×交流イベントがない
   ×フィードバックの明確なしくみがない、管理職に任されている
   ×各種休暇、補助金等、「困ったときは組織が助ける」というメッセージがない
7. 組織内に不公平が多い
8. 長時間通勤

3つの意思決定ツール

1. レベル1：プロコン分析
2. レベル2：マトリックス分析
3. レベル3：ヒエラルキー分析

〈ステップ4〉

歪みに気づく

──バイアスを取り除くための4大技法

STEP 4

Keep human bias out

「一番だましやすい人間は、
すなわち自分自身である」

ブルワー・リットン（1803-1873）
イギリスの政治家
Edward George Earle Lytton Bulwer-Lytton
Politician, United Kingdom

バイアスとは人間の脳に巣食う「バグ」

意思決定の質を600％も高める〝プロトコル〟とは？

ステップ3ではあなたのキャリア選択を分析し、どの候補が良いのかを数値で絞り込みました。なんの策もなく直感で決めるよりは、確実に良い判断ができるはずです。

が、正しいキャリア選択への道のりはまだ続きます。**というのも、私たちの意思決定力は生まれつき深刻なバグを抱えており、そのせいでいかに企業の財務諸表を分析しようが、どれだけ自己分析を行おうが、正しくキャリアを選ぶことはできないからです。**

その証拠に近年では、経営学の世界などでも「情報の分析をする際は必ず脳のバグを取り除け」といった考え方が普通になりつつあります。

一例としてマッキンゼーが行った実験では、まず2207人のエグゼクティブから直近で行った1000件超の意思決定を集めたうえで、「他のサービスに投資すべきか？」や「新たな事業に進出すべきか？」といったビジネス上の決断がどのような成果をあげたかをチェックしました。[1]

その際に、エグゼクティブの意思決定スタイルを2つの側面から調べています。

●ものごとを決める前にどのようなデータ分析を行ったか？
●ものごとを決めるためのプロトコル（手順）は決めていたか？

当然ながら、大半のエグゼクティブは、意思決定の前に大量のデータ分析を行っていました。不確実性に対応すべく感度分析を行ったり、高度なファイナンシャルモデルを使ったりと、資本調達の可能性を綿密に数字で把握するスタイルが一般的だったそうです。

他方で意思決定のプロトコルをはっきりと決めていたエグゼクティブはほとんどいませんでした。たとえば第三者の意見を聞いたり、チームのなかから反対意見を募ったり、あえて最悪の状況を想定したりと、分析の内容をもとにどのような手順で決断を下すかを定めていたエグゼクティブは少数派だったのです。

その後、それぞれの意思決定がどれぐらいの利益に結びついたかを確かめたところ、次の事実があきらかになりました。

◉ 正しい意思決定を行うためには、綿密なデータ分析よりも脳のバグを取り除くプロトコルのほうが600%も重要である

驚くべき数字ではないでしょうか？　**どんなに精密なモデルで分析を行っても、脳のバグに立ち向かうためのプロトコルを決めておかねば、意思決定を間違えてしまう確率は上がるようです。**

研究チームは言います。

「決して『分析』そのものが無意味だと言いたいわけではない。今回の研究データをよく見れば、ちゃんとしたプロトコルを使った意思決定は、ほとんどが良質な分析に裏づけられていた。なぜなら、プロトコルによって脳のバグが取り除かれた結果、質の低い分析が排除されたからだ」

要するに、脳のバグをうまく取り除ければ、あなたが正しい決定を下せる確率は格段に上がります。その作業は決して楽ではないものの、データ分析より600%も重要だと言われればやるしかないでしょう。

どんな天才でも2割は間違えるクイズとは？

私たちに生まれつき備わったこのバグは、行動経済学では「バイアス」と呼ばれます。直訳すれば「偏ったものの見方」のことで、「人間はつねに一定の決まったパターンでミスを犯す」という現象を表した言葉です。

バイアスの例として、たとえば次のクイズについて考えてみましょう。

「ある父子が自動車事故にあってしまい、父は近所の病院に送られ、息子は別の病院に送られました。幸いにも、その病院には天才と名高い院長がおり、その院長がじきじきに息子を処置してくれることになりました。

しかし、病室に運ばれてきた息子を見て、院長は即座に言いました。『私には彼を手術することができません。彼は私の息子なので失敗が怖いのです』。どういうことでしょうか？」

果たして、事故にあった父親が母親の再婚相手だったのか？　それともまた別の事情があるのか？　なんとも不可解な話ですが答えはとてもシンプルで、問題の担当医がその息子の母親だったのです。

このクイズは心理学の研究で実際に使われるもので、どんなに知性が高いグループでも、即座に正解できる人は2割もいません。たいていの人は、問題を聞くとすぐに「院長は男性に違いない」と思い込み、それ以外の可能性を探そうとしなくなってしまうからです。これがバイアスの基本的な考え方になります。

バイアスにはさまざまな種類が存在しており、現時点で研究で確認されたものだけでもおよそ170件以上。それぞれのバイアスには、意思決定を誤らせるもの、記憶を歪めるもの、人間関係を乱すものなどがあり、あらゆる方向から私たちを間違った道に誘い込みます。

適職探しにおいてもその悪影響は変わらず、たとえば「確証バイアス」が代表的です。これは、自分がいったん信じたことを裏づけてくれそうな情報ばかりを集めてしまう心理で、**「いまの時代はフリーな働き方が最高だ」と思い込んだ人が、独立して成功を収めた人の情報ばかりを集め、同じような考え方をする仲間とだけ付き合うようになるのが典型例**です。

いったんこの状態にハマった人は、大企業の良いニュースや独立に失敗した人の情報には目もくれず、最後は自分と違う生き方を好む人たちを批判し始めるケースも珍しくありません。カルト宗教の発生と同じようなメカニズムです。

私たちが克服すべきバイアスは山ほど存在しますが、ここでは「確証バイアス」の他に仕事選びのジャマになりがちなものを簡単に見てみましょう。

◉アンカリング効果

選択肢の提示のされかたによって、まったく異なる決定をしてしまう心理現象です。たとえば、あなたが転職先を選ぶ最初の段階で「年収500万」の企業にひかれたとしましょう。すると、この「年収500万」という数字が基準値になってしまい、ステップ1で見たように「お金は重要ではない」と頭ではわかっていても、どうしてもそれ以下の年収では物足りなくなってしまいます。

◉真実性の錯覚

くり返し目にしただけの理由で、その情報を「真実に違いない」と感じる心理のことです。ニュースサイトなどで「これからの働き方は従来のルールが通じない」や「今後は個人の能力が問われる時代だ」といった文言に何度も触れたせいで、そこに数字やデータの裏づけがなくとも事実だと思い込んでしまいます。

◉フォーカシング効果

職探しにおいてあなたが重要視するポイントが、実際よりも影響力が大きいように感じられてしまう状態です。「Googleのように社食が充実していたら最高だろう」と思っていれば社食がもたらす喜びが必要以上に大きく見えますし、「福利厚生だけは譲れない」と考えていれば福利厚生を重んじる会社が実態より良く感じられてしまいます。

◉サンクコスト

いままでたくさんの時間とお金を使ってきたからという理由で、メリットがない選択にこだわり続けてしまう状態です。何年もがんばって働いてきた職場であれば、いかに業績が傾いてきたとしても、すぐに転職を決意するのは難しいでしょう。過去と自分を切り離すのは容易な作業ではなく、これまたあなたの幸福を下げる要因となります。

◉感情バイアス

自分の考えが間違っているという確かな証拠があっても、ポジティブな感情を引き出してくれる情報に飛びついてしまう心理傾向です。厳しい事実を受け入れるのは誰でも嫌なものですが、ネガティブな感情を避けたいあまりに「好きを仕事にしよう!」や「10年後の有望な企業はこれだ!」といった手軽な情報にばかり意識が向かってしまう現象は誰にでも覚えがあるでしょう。

「愚かなるは他人ばかり」問題

ここまで読んできて、なかには暗い気持ちになった方もいるかもしれません。「あなたは無意識のうちに判断を誤っている」と言われて気分が良い人はいませんし、自分の間違いを認めるのは誰でも嫌なものです。

が、もしこの時点でネガティブな気持ちになったなら、それは非常に良い兆候だとも言えます。というのも、この問題において何よりもやっかいなのは、たいていの人が「そういう人ってよくいるよね！」とだけ思って、自分自身の問題だとはとらえないところにあるからです。愚かなのは他人ばかりで、「バイアスなど自分には関係がない」と思い込んでしまうケースが非常に多く見られるのです。

この現象が起きる場面はとても多く、適職探しはもちろんのこと、結婚相手の選択や投資先の決定などの人生を左右するような場面でも、多くの人は目の前の情報だけでものごとを即断してしまいます。それどころか、自分が限られた情報だけで意思決定を行ったことにも気づかないケースがほとんどです。

心理学を専攻する学生を対象にした実験などでは、彼らが普段からどれだけバイアスに関する論文を読み込んでいたとしても、大半は「自分だけは大丈夫だ」と答えたと報告されています。バイアスの研究でノーベル賞を受賞したダニエル・カーネマンも、この惨状を見て「心理学を伝えるのは虚しい」と慨嘆したほどです。[2]

かくいう筆者も、ともすれば「自分は大丈夫」の罠にハマってしまうケースが珍しくなく、そのたびに後述するテクニックを使ってバイアスの沼から抜け出すのに必死です。**先に見た確証バイアスの説明を読んで、もし「よくある話だなぁ」ぐらいにしか思わなかった場合、あなたはすでに思い込みの沼に片足をつっこんでいる可能性が大きいと考えられます。**

ただし、いくら「バイアスを自分ごととして考えよう！」と言われても、そこには限界があります。バイアスは遺伝子レベルで埋め込まれた強力なバグなので、気を抜けばすぐに意識を乗っ取られてしまううえに、思考がハイジャックされた事実にも気づくことができません。だからといって、自分の思考が歪んでいないかどうかに気を配り続けるのも現実的ではないでしょう。

そこで肝に銘じるべきは、あらかじめ特定のプロトコルを決めておき、自分のバイアスを粛々とチェックすることです。すべての選択肢を均等に検証にかける他に、正しい道に進む方法はありません。

果たして、適職探しを邪魔するバイアスを取り除くためのプロトコルとはどのようなものでしょうか？

前述のとおりバイアスは山のように存在するため、個別に撃破していくのは得策ではありません。すべての問題にいちいち立ち向かっていたら、適職選びだけで人生が終わりかねないでしょう。

そこでここからは、あらゆるバイアスからほどよく距離を置くための包括的なプロトコルを紹介します。その内容は大きく「時間操作系」と「視点操作系」の2種類に分かれており、どの手法から試してみても構いません。まずはざっと読み進めてみて、しっくりきそうなものを選びましょう。

もしここから紹介するテクニックで自分自身のバイアスに気づいたら、ステップ3で行った「マトリックス分析」や「ヒエラルキー分析」の点数には随時手を入れてください。たとえば、バイアス解除のプロセスで「自分にとっては『焦点』に合った仕事が思ったより重要だった」と気づいた場合、「マトリックス分析」なら「焦点」の重みを増やせばいいですし、「ヒエラルキー分析」ならレベル2で「焦点」に割り振った評価値を上げればいいでしょう。

同じように、「A社のワークライフバランスを過大評価していた」と気づいたなら、「A社とワークライフバランス」につけた点数を下げてください。この作業をどこまで行うかに明確な基準はないものの、基本的にバイアスの解除作業は回数を重ねるほど精度が上がることがわかっています。最終的な決断のデッドラインが近づくまで、折をみて自分のバイアスをチェックしてみてください。

時間操作系プロトコル

ステップ1でも見たとおり、私たちは未来の予測がとても苦手な生き物です。そのせいでつい将来のビジョンをクリアに思い描くことを忘れ、「とにかくいまの仕事が嫌だから辞めよう！」や「成長してる企業だから入りたい！」のように、つい脊髄反射で行動してしまうものなのです。

「時間操作系」のプロトコルは、この問題を解決するために使います。**できるだけ将来をハッキリと思い描き、近視眼的な判断をリセットする**のが最終ゴールです。

〈技法1〉10／10／10テスト
——この選択をしたら10年後にはどう感じるだろう？

「10／10／10テスト」は、ジャーナリストのスージー・ウェルチが開発した意思決定のフレームワークです。[3]使い方はシンプルで、それぞれの選択肢について次のように考えてみてください。

❶この選択をしたら、10分後はどう感じるだろう？
❷この選択をしたら、10ヶ月後にはどう感じるだろう？
❸この選択をしたら、10年後にはどう感じるだろう？

このように短期・中期・長期のタイムラインを使い、いったん目先のバイアスから自分を切り離すのが「10／10／10テスト」のゴールです。たとえば、あなたが「転職すべきか？」と悩んでいた場合は、次のように使います。

◉**10分後は？**「いま転職を決断したら、10分後には嫌な仕事から解放されて清々しているだろうな」

◉**10ヶ月後は？**「少なくとも最初の開放感は薄れているだろうし、次の仕事に慣れるのに必死でそれどころじゃなさそうだ。転職を後悔するとは思えないけれど」

◉**10年後は？**「10年後には、転職で悩んだのがどうでもよくなっているだろう……。それでも10年前の転職は間違ってないかな」

このケースでは最終的に「転職すべき」との結論になりましたが、人によっては「このまま残った方がいいのかも」や「長期のスパンで見たら、そもそも『転職すべきかどうか？』という問題設定が間違いだった」という判断に行き着くケースもあるでしょう。どちらにしても、目先の感情だけで判断するより精度が高い結論を出せるのは間違いありません。

自己を拡張すれば一段上の判断力が身につく

残念ながら「10／10／10テスト」には正式な査読を経た研究はありませんが、未来の自分をイメージすれば判断力が上がることは、多くのデータが支持しています。

ハーバード大学などの実験を見てみましょう。[4]これは81人の男女を対象にしたテストで、研究チームはそれぞれの被験者に「近過去」または「近未来」「遠い未来」の自分を5分だけ想像するように指示しました。「数日前の自分は何をしていただろうか?」や「数十年後にはどのような仕事をしているだろうか?」など、複数の時間軸で過去または未来のイメージを思い描かせたわけです。

その後、被験者たちに「森か雪山に旅行するときには何を持っていくべきか?」といった複数の質問をぶつけて全員の判断力に違いが出たかを調べたところ、ハッキリとした差が現れました。近未来または遠い未来の自分を思い描いたグループは、それ以外のグループより記憶力が上がり、判断力を問う質問にも優秀な答えを出す確率が上がったのです。

未来を思うことで判断力が上がる現象のことを、心理学では「拡張された自己」と呼

びます。

たとえば単純に「転職すべきか？」と考えたときは、思考が〝いま〟の自分に凝り固まってしまい、それ以上は発想の枠を広げられません。しかし、ここで未来の姿を明確にイメージしてみると、「いまの自分の選択は将来につながっているのだ」という事実があらためて実感されるでしょう。その結果として、より幅の広い判断が生まれやすくなるわけです。

実を言えば、筆者も折に触れて「10／10／10テスト」を使ってきました。長らく勤めた出版社から別の会社に移るとき、サラリーマンを辞めてフリーになるときなど、節目節目で10年後の自分を想像しながら将来の意思決定を行ったものです。現在の私がまがりなりにもフリーとして暮らし続けられているのも、定期的に自己を拡張してきたおかげなのかもしれません。

〈技法2〉プレモータム
――「事前の検死」で未来の予測精度が30％高まる

「プレモータム」は、２０００年代からハーバード・ビジネススクールなどで盛んに使われ始めたバイアス解除テクニックです。「ポストモータム」という医学用語にヒントを得た言葉で、直訳すれば「事前の検死」となります。

何やら物騒なイメージですが考え方はシンプルで、「失敗を前提にして意思決定をする」のが最大のポイント。あえて自分の仕事探しが失敗した未来を頭に浮かべ、バイアスの影響を限界まで減らすためのテクニックです。

すでに複数の研究で効果が認められており、ペンシルバニア大学などの研究によれば、「プレモータム」を使った被験者は未来の予測精度が平均で30%上がったとのこと。[5]ビジネスの世界ではマネージメントツールとして使われるケースが多いものの、近年では幅広い有効性が認められ、最近はキャリア選択に用いられることも増えてきました。具体的な手順を説明しましょう。

(1)敗北の想定

いまから3年後の未来を想像して、あなたの選択が「完全な失敗」に終わった場面をイメージします。

転職したらまったく興味がない仕事をやらされた。業績がまったく安定しておらず将来が不安になった。仕事を変えたらそれまでにつちかったコネを失った。給料は増えたが業務が多すぎてプライベートを失った……。

「完全な失敗」の中身は主観で決めてください。「もし自分が間違っていたらどうなるか？」と考えながら、あなたにとって「この結果は最悪だ！」と思う未来を5〜10分ほどかけて紙に書き出してみましょう。

「失敗なんて思い描いたらネガティブな気持ちになってしまう」と思う人もいるでしょうが、「視野狭窄」について記載した際に説明した「自信過剰」の問題をふせぐには、あえて最悪の未来をイメージするのが最善なのです。

（2）原因の探索

続いて、先にイメージした「完全な失敗」がどのような原因で起きたのかを紙に書き出していきます。自分が普段からどんな失敗をしやすいかを考えて、現実にありそうな理由をできるだけ思いつくようにしてください。

失敗の原因が思いつかないときは、次の質問について考えてみましょう。

●もし自分が選んだすべての仕事が間違っていたらどうだろうか？

●転職したい会社と自分の相性が良いと考えられるエビデンスはなんだろうか？
●転職先が将来有望だと考えられるエビデンスはなんだろうか？
●見栄えが良い肩書きや職種だけにひかれて仕事先を選んでいないだろうか？
●いまの上司が会社からいなくなったら、現在の会社に対する判断は変わるだろうか？
●いまの会社の業績が上向いたら、転職の判断は変わるだろうか？
●自分が前職でうまくやっていたのは、どれぐらい同僚や上司の協力、会社の肩書きなどのおかげだろうか？
●転職先の給料がいまと変わらなくても、新しい会社に移るだろうか？
●その仕事を選ぶことで、いままでつちかった人間関係やコネに影響が出ないだろうか？
●現状に満足がいかないのは状況や環境のせいではなく、自分自身に非がある可能性はないだろうか？
●いま思い描いている仕事選びのスケジュールが、十分だと考えられる理由はなんだろうか？

(3)過程の想起

失敗の原因を思いついたら、そのプロセスを時系列でくわしくイメージしてください。た

とえば「転職したら賃金が不公平でやる気がなくなった」という失敗であれば、

「次の仕事に就くまで時間がなかったため、少しネットで検索しただけで面接を決めてしまった」→「面接の際に担当者に『業績が査定される方法は？』と質問しなかった」→「入社から半年が過ぎたあたりで、たいした働きをしていない同僚のほうが給与が高いことに気づく」

といったように、あなたの決定が失敗に終わるまでにどのような経緯があったのかを順番に想像していきます。だいたい2～3段階ぐらいに時間軸を区切り、失敗のプロセスをイメージしていくとやりやすいでしょう。

この段階では、**どれだけリアルに失敗のプロセスをイメージできるか**が最大のポイントになります。面接で大事なことを尋ねなかった後悔の気持ちや、賃金の不公平さに感じるイライラなどの感情を、あたかも本当に起きた出来事であるかのように想像してください。少しネガティブな気分にはなるでしょうが、そのぶんだけ「確証バイアス」にまどわされずに正しい仕事を選べる確率が高まります。

(4) 対策の考案

ここでは、先ほど考えた失敗の解決策を考えていきます。「業績の査定方法を事前に社内の人間などに確かめ、面接でもしっかり問い合わせる」や「仕事選びのスケジュールを見直して、より現実に即した期日を決める」など、失敗をふせぐにはどうすればいいのかを考えてください。

失敗をふせぐための対策が作れたら、それに従って、仕事選びのプロセスを再調整しましょう。

プレモータムの過程で「自分は金銭にこだわりすぎていた」と気づいたらいったん給与のことを忘れて候補を絞り直す。「転職までのスケジュールが甘かった」と考えたなら余裕ある期日を組み立てる。「いまの仕事が実はそこまで悪くなかった」と思ったのなら転職案そのものを見直してみる。

このように、それぞれのトラブルについて明確な計画を立ててください。過去のプレモータム研究によれば、この段階で「リサーチが甘かった」か「目先のことしか考えていなかった」「対人関係のトラブルから逃げたいだけだった」といった問題に気づく人が多いようです。

くり返しになりますが、**いかに合理的な思考力を持った人だろうが、意思決定の精度には歪みが生じます。**この問題をふせぐには、いまの判断に自信があろうがなかろうが、とりあえず「プレモータム」で意思決定の質をチェックするしかありません。

視点操作系プロトコル

バイアスの問題とは、せんじつめれば「人間は自分のことが一番よくわからない」という事実に行き着きます。「他人へのアドバイスはうまいのに、なぜか自分のトラブルには正しく対処できない……」といった悩みを持つ人は少なくないでしょう。

この現象は複数の実験で確認されてきたもので、俗に「ソロモンのパラドックス」などと呼ばれます。古代イスラエルの国王ソロモンは、深い知恵を持った賢者として知られながらも自分の身に起きたトラブルにはめっぽう弱い人物だったからです。

「視点操作系プロトコル」は、「ソロモンのパラドックス」に立ち向かうのに役立つテクニックです。文字どおり**視点をコントロールしてバイアスを乗り越える手法**のことで、私たちに高い判断力を与えてくれます。

〈技法3〉イリイスト転職ノート
——カエサルをマネれば意思決定の精度が上がる

「いろんな視点でものごとを見てみよう」とはよく聞くアドバイスですが、そう簡単にはいかないのが人間の難しさです。そんな簡単に複数の視点を取り入れられるなら、適職探しも苦労しません。

そこでまず使えるのが、「イリイスト転職ノート」という手法です。イリイストはラテン語の「ｉｌｌｅ」（「三人称」の意味）からきた言葉で、古代ローマの政治家ユリウス・カエサルが、『ガリア戦記』のなかで自らの行動を「彼は町を攻囲したが」と解説したりと、自分のことをあたかも他人事のように記した修辞法にちなんでいます。

「イリイスト転職ノート」の要点も同じで、自分の行動を「三人称」として記録するのが最大のポイント。そもそもはウォータールー大学がバイアス解除のプロトコルとして提唱したもので、実証研究では300人を対象に効果を確かめています。[6]

研究チームは、まず被験者に「その日に行った意思決定のなかで、もっとも悩んだものを教えてください」と伝え、それぞれに「仕事を辞めるか考えた」や「上司とケンカをした」などの日常のトラブルを思い出させました。

続いて、その「日常の悩み」について三人称の視点を使いながら日記に説明するように指示し、「彼は仕事を辞めるかどうかに悩み、転職サイトでより良い条件の職場を探した」といったように、自分が行った意思決定の流れを、まるで他人ごとのように書かせたそうです。ひとつの日記にかけた時間は15分で、作業は1日1回のペースで行われました。

4週間後、被験者に複数のテストを行ったところ、「イリイスト転職ノート」を続けた被験者に目覚ましい変化が確認されます。**悩みを三人称で書き記したグループは他人の視点でものごとを考えるのがうまくなり、複数の観点からベストの対策を導き出せるようになったのです。**

論文の主筆であるイゴール・グロスマンは、「自分の意思決定を三人称で想像するだけでバイアスを簡単に消せることがわかった。この方法を使えば、私たちはより賢明に問題を対処できるだろう」と言います。適職を選ぶ際は、ぜひ自分が日常的に行った決断を三人称で記録してみてください。

適職の発見率を激しく高める「イリイスト転職ノート」の書き方

まとめると、「イリイスト転職ノート」の手順は次のようになります。

❶ 1日の終わりに、自分がその日に行った就職・転職に関する意思決定の内容を三人称で書き出す

❷ 日記には最低でも15分をかけ、2段落ぐらいの文章を書く

ここで書き出す内容には、必ず次のポイントをふくめるようにしてください。

● どんなことを決めたのか？

●どのような流れでその決定にいたったのか？
●その決定をするために、どのようなエビデンスを使ったのか？
●その決定により、どんな結果を期待しているのか？
●自分の決定にどのような感情を抱いたか？

具体的な記載例は次のようになります。

「逆求人型就職サイト経由で、衣類メーカーからメッセージが来た。とりあえず〝彼〟がネットでその企業について調べてみたところ、自社で製造ラインの一部を作っていることがわかった。

これは、〝彼〟が重んじる『多様』の考えにも一致することから、1Dayインターンへの参加を決めた。〝彼〟が期待するのは、『どこまで多様性があるかを確かめられるか？』というポイントだ。インターンへの参加を決めたことで事態が一歩進み、〝彼〟は良い気分になっている」

「〝彼女〟はどうすればいいかわからず、ひとまず自己分析のため、就活団体主催のグループディスカッションに参加。『学生時代に統計を履修したことを推した方がいい』とアドバイスを受けたので、〝彼女〟はそれをベースにエントリーシートのひな型を作る。とりあえず達成感は出たが、これが果たして正解なのかまったく自信を持てていないようだ……」

「イリイスト転職ノート」をつけるメリットは大きく2つで、第一に**意思決定の記憶をあとから改ざんできない**のが大事なポイントです。

人間には自分の記憶を都合よく書き換える性質があり、たとえば「ちょっとネットで調べただけだが、実際に面接に行ったら良い企業だった」のような結果が得られた場合、私たちは後から「自分のリサーチが成果を上げた」などと事実とは違うストーリーに変えてしまうものなのです。この状態を放っておくと、いつまでたっても職探しの精度は上がりません。

もうひとつのメリットは、**意思決定のパターンがハッキリする**ことです。あとから日記を読みかえすと、「自分はいつも少し華やかな業界に反応するところがあるな……」や「ネットの口コミを必要以上に信じがちだな……」などなんらかの傾向が見えてくるはずです。その点で「イリイスト転職ノート」は、下手な自己分析ツールよりも正しく自分を見つめる機会を与えてくれます。

転職に関する記録や就活ノートをつけている方は多いと思いますが、その記述の多くは、会社やセミナーの雰囲気、面接の質問と回答、自己分析などの記録などに費やされ、自分が日々のなかで行った意思決定の流れを書き残すケースは少ないでしょう。転職や就職に関する作業をした日は、必ず意思決定の記録をつけてください。

〔技法4〕友人に頼る
――友人に聞けば自分の寿命までわかる

視点を変える上でもうひとつ欠かせないのが、「友人」の存在です。あなたのバイアスを解くために、親身な第三者ほど役に立つ存在はいません。

心理学者のジョシュア・ジャクソンは、600人の男女が1930年代に受けた性格テストのデータを再分析し、この事実を明らかにしました。[7] このデータには被験者の親友5人ずつに行われたインタビューの記録がふくまれ、「被験者の自己申告による性格」と「友人から見た被験者の性格」の2つを比べることができたからです。

分析の結果わかったのは、次の事実でした。

●本人の自己申告よりも、友人に尋ねた性格判断のほうが格段に正しかった
●被験者の《寿命》についても、友人の判断のほうが正確だった

本人のパーソナリティはおろか「何歳ぐらいで死にそうか？」という予想に関しても、友人の判断のほうが精度が高かったわけです。

組織行動論の研究でも似たような結果が出ており、150人の軍人に上官の有能さを評価させたところ、やはり本人よりも部下の方が上司のリーダーシップを正確に予想することができていました。[8]**人は誰しも「自分のことは自分が一番よくわかっている」と思いたがりますが、実際には自己評価ほど当てにならないものもありません。**

さらにおもしろいのは、あなたのことをまったく知らない他人でも、かなりの確率で正しい評価ができてしまうところです。

その具体例として有名なのは、2005年に行われたタフツ大学などの実験でしょう。[9]アメリカのトップ企業でCEOを務める男女のなかから業績が良い25人と業績が低い25人を選び、まったく関係がない第三者にすべてのCEOの顔写真を見せました。すると大半の被験者は、CEOのリーダーシップや業績の高さを高確率で言い当てることができたのです。

類似の調査は他にも多く、弁護士の顔写真を見ただけの被験者が「その人物が出世するかどうか?」を正しく見抜いたケースや、平凡な男女のスナップショットからＩＱテストの成績をある程度まで言い当てた事例が報告されています。[10]

無関係な人でも個人の能力を判断できる理由ははっきりしませんが、とにかく第三者のほうがバイアスに囚われにくいのは間違いないでしょう。意思決定を行う際は、他人の視点を導入してください。

現代では「強いつながり」こそが最高の求職ツール

「弱いつながり」という言葉をご存じでしょうか?

社会学者のマーク・グラノヴェターが「弱いつながりの強さ」という論文で提唱した理論で、簡単に言えば「新しい職を探すときは、たまに会うぐらいの友人に頼ったほうが役に立つ」という現象を指します。

グラノヴェターは過去5年内に転職したビジネスマンにインタビュー調査を行い、「次の仕事を探すためにもっとも役に立った情報源は何か?」を調べ上げました。すると、大半の人は友人や知人を介して転職の情報を得ており、さらにそのうちの83％は、もとの職場の外で知り合った「弱いつながり」を使って転職に成功していたのです。

「弱いつながり」が成功に結びつきやすい理由はわかりやすいでしょう。

親友や同僚のような「強いつながり」を持つ人たちは生活環境が近いケースが多く、そのぶんだけ既知の情報しか入ってこなくなります。一方で飲み会でたまに会う人や遠い親戚などは自分とは違う生活をしている可能性が高いため、未知の仕事に関する情報が入ってきやすくなるわけです。

この研究結果はまたたくまに世界に広がり、ビジネスの世界に大きな影響を与えました。いまでは日本の転職ワークショップなどでも弱い人脈の重要性を示す言葉として使われるケースがあり、「異業種交流会やＳＮＳを使って『なんとなくの知り合い』を増やそう！」といったアドバイスが喧伝される場面もよく見かけます。

が、「弱いつながり」が有名になりすぎたせいか、その後の研究でいくつかのアップデートが加わったことはあまり知られていません。グラノヴェターの研究は１９７０年代の初めに行われたものであり、現在の求職市場には当てはまらない面も少なくないのです。

代表的な研究として、人類学者のイラナ・ガーションが２０１４年に行った調査を見てみましょう。〔11〕ガーションはグラノヴェターの調査と同じように複数のビジネスマンから380の転職事例を集め、「弱いつながり」は現代でも重要なのかを再検証しました。その結果は、次のようなものです。

- 「弱い結びつき」が職探しに役立ったケースは全体の17％だった
- 転職に成功した人の60％は、親友や同僚などの「強いつながり」のほうが役に立ったと回答した

人とのつながりが大事なのはいまも昔も変わらないものの、現代では親友・同僚・上司のように身近な他人のほうが仕事探しには役立つようです。このような変化が起きた理由は様々ですが、もっとも大きな原因は「情報ツールの発達」でしょう。

かつての仕事探しでは新聞広告や求人誌を当たるしかなく、このような状況では「いかに知らない情報を手に入れるか？」が成否を分けました。ところが現代では求職サイトや企業の公式サイト等から容易に情報が手に入ります。おかげで職探しの効率が大いに上がった一方で、新たに次の問題が出始めています。

●選択肢が多すぎるせいで目移りし、バイアスに飲み込まれやすくなる
●同じ仕事に大量の応募が殺到するため、ライバルとの差別化を計るのが難しい

これらの現代的な問題を解決するには、「強いつながり」に頼るのがベストです。

親密な相手ほどこちらのバイアスを見抜く能力が高いのは先にも見たとおりですし、同僚や過去のクライアントからうまく推薦をもらえれば、大量の競合者のなかから飛び抜けた存在にもなりやすいでしょう。その意味では、求職サイトや転職エージェントを当たる前に、まずは親しい同僚や上司、クライアントなどに相談するほうが、職探しの成功率は格段に高くなります。

フィードバックの効果を高める3つのポイント

友人の重要性がわかったところで、正しくフィードバックを受ける方法を見ていきましょう。就職の悩みをシンプルに友人に尋ねるだけでも意味はありますが、いくつかのポイントを押さえておくと、その効果がより大きくなります。

❶ 360度フィードバック

360度フィードバックはビジネスの世界ではおなじみのフィードバック法です。従来の人事評価が上司やマネージャーの判断だけで行われていたのに対し、360度フィードバックでは、同僚、クライアント、事務員といったあらゆるグループから査定されます。

そのメリットは1950年代から広く認められ、近年ではビジネスの現場だけでなく学校や病院、政府機関などでも活用が進められてきました。自分の友人、上司、パートナー、親、コミュニティの仲間など、あらゆる相手からフィードバックをもらえばもらうほど、あなたの仕事選びは精度を増します。

さらに米国ロミンガー社の研究によれば、フィードバックをもらう相手との「付き合いの長さ」によって精度が変わることもわかっています。[12]

◉「知り合ってから1〜3年の相手」に相談するのがもっとも正確さが高い
◉「知り合ってから1年以内の相手」に相談するのは正確さでは2番手になる
◉「知り合ってから3〜5年の相手」に相談するのがもっとも正確さは低い

このような現象が起きるのは、あまりに付き合いが長い相手だと私情が入って本当のことを言わなくなるし、知り合って1年以内だと十分な情報が集まりにくいからだと考えられています。あくまで大ざっぱな指標ではありますが、フィードバックをもらう際の参考にしてください。

❷クローズドクエスチョン

適職について他人に尋ねるときは、正しい質問作りも非常に重要になります。たとえば、「この仕事どう思う?」や「転職についてどう思う?」のようにオープンクエスチョンで聞いてしまうと、あまりにも質問の幅が広すぎるせいで、相手も適切なフィードバックを返してくれません。

この場面で使うべきは、「仮説ベースのクローズドクエスチョン」と呼ばれる手法です。いくつか例を見てみましょう。

「いまあの会社に転職をすると、自分としては前職のスキルをより活かしやすくなると思うのだけど、あなたは賛成?」

「いまのように興味がない職はキッパリ辞めた方が、次の仕事にポジティブに取り組めると自分は考えているんだけど、あなたは反対？」

このようにイエスかノーで答えられる質問のほうが、相手も格段に答えやすくなります。

360度フィードバックを行う際は、必ず具体的なクローズドクエスチョンとして提示してください。

質問内容が思いつかないときは、「この決定によりどんな結果を期待しているのか？」という質問を自分に投げてみるのもいいでしょう。具体的な質問を作りやすくなるはずです。

❸ 親友イメージング

もし周囲に「強いつながり」がなくとも、まだ方法は残されています。**実はあなたの脳内の友人と会話をするだけでも、ある程度までバイアスの影響から逃れられるのです。**
ウォータールー大学が行った実験では、被験者に次のような指示を出しました。[13]
「あなたがいま抱えているトラブルが、親友の身に起きたところを想像してください。その親友は、あなたを悩ませるトラブルと同じ状況にいます。その親友の感情をくわしくイメージしてみましょう」
その後、複数の心理テストで全員の判断力を確かめたところ、親友の身に起きたトラブルを想像したグループは、そうでない被験者よりも冷静で総合的な判断をする確率が高くなっていました。難しい問題に適切な妥協点を見つける能力が向上したのです。

このような現象が起きたのは、親友の視点でトラブルを想像したことで、良い意味で問題が他人事になったからだと考えられます。

そもそも私たちが自分のトラブルをうまく処理できないのは、問題との距離が近いせいで、その内実を一歩引いたところから見られないからです。ところが「このトラブルは他人の問題なのだ」と思うと、それだけでも目の前の状況を俯瞰で眺める視点が生まれ、思考が余裕を取りもどします。「木を見て森を見ず」な状態から、「木を見て森も見る」ような状態に意識がシフトするわけです。この手法は、次のように活用してください。

①就職に関する現在の悩みをひとつだけピックアップする(「転職すべきか」「あの会社に勤めるべきか」など)

②その悩みが、1番の親友の身に起きたものだとイメージする

③悩める友人にどんなアドバイスができそうかを想像してみる

非常にシンプルな介入ながら、これだけでも意思決定の質は平均で20%ほど上がります。手軽にバイアスを解除できるテクニックのひとつとして覚えておくといいでしょう。

一番だましやすい人間は、すなわち自分自身である

このステップでは適職探しに役立つバイアスの解除法をメインにお伝えしてきましたが、おもしろいことに、ここまで重要性を強調しても実際に自分のバイアスを解こうと試みる人は多くありません。誰でも「自分の選択は正しい」と思いたいものですし、耳に痛い意見は避けたくなるのが自然だからです。

とはいえ、くり返しになりますがバイアスはすべての人間が生まれ持つバグであり、その影響から自由な人は存在しません。

ある研究では、高い成果を出すビジネスマンほど自らのバイアスに注意しながら意思決定を行う傾向が強く、およそ80%以上は意識して他人からのフィードバックを求めていました。[14] 一方で慢性的に低い成果しか出せないビジネスマンの場合、バイアスに注意して働く者の割合は全体の20%にも届きません。

「一番だましやすい人間は、すなわち自分自身である」と喝破したブルワー・リットンの言葉は、科学的にもまぎれもない事実。自分で自分をだまし続ける「セルフ詐欺」の悪循環から脱しない限り、いつまでも適職は見つかりません。

全ての人間が生まれ持つバイアス（偏ったものの見方）
に気づき、意思決定を見直す。

バイアスを取り除くための 4大技法

1 10／10／10テスト

「この選択をしたら、10分後・10ヶ月後・10年後にはどう感じるか？」考える

2 プレモータム

「❶敗北の想定 ❷原因の探索 ❸過程の想起 ❹対策の考案」を行う

3 イリイスト転職ノート

1日15分〜自分がその日行った「職選びに関する意思決定」の内容を三人称で書く

4 友人に頼る

「360度フィードバック、クローズドクエスチョン、親友イメージング」を活用

〈ステップ 5〉

やりがいを再構築する

――仕事の満足度を高める7つの計画

STEP 5

Engage in your work

「人生に成功する秘訣は、
自分が好む仕事をすることではなく、
自分のやっている仕事を
好きになることである」

ゲーテ（1749-1832）
ドイツの詩人

Johann Wolfgang von Goethe
Poet, German

仕事の満足度を判断する方法

「職場に大きな不満はないけれど……」問題

ここまでのステップで、私たちは適職選びの精度をギリギリまで高めてきました。仕事の幸福につながらない要素を省き、仕事の満足度を高めるポイントを取り入れ、あなたの幸せを破壊する原因を積極的に避け、さらには適職探しを間違わせる思考の歪みを正す――。

以上の手順をふめば、あなたの意思決定の精度は確実に上がります。

が、それでも人生の選択に〝絶対〟はありません。どれだけ綿密な下調べをしても、どれだけ戦略的に選択肢を絞り込んでも、そのプロセスでは必ず失敗が起きます。

もちろん失敗は誰にとってもツラいものですが、これまでに自分が費やしてきた時間や労力にこだわっていては、２０４ページで取り上げた「サンクコスト」の罠から脱することはできないでしょう。そんなときは、いったん起きた失敗を過去のものとしてあきらめ、新たなアクションを取るしか道はありません。

ただし、そうは言っても「果たしてこの仕事を選んで正解だったのか？」の判断は難しいものです。

●そんなに大きな不満はないが、同期が辞めていくので焦っている……
●いまの仕事は好きだが、将来性に不安があって悩んでいる……
●どうしても上司が気に入らないが、それ以外は問題がない……

勤め先がブラック企業だった場合は問答無用で転職するのがベストですが、「なんとなく納得できない」や「本当に正解だったのかがわからない」といったボンヤリした不安に悩んでしまうケースは少なくないでしょう。

このようなケースにおいて、私たちが取れる手順は次のようになります。

❶新たな評価値をもとに職場を判断する
❷やはり「失敗だった」とわかれば転職
❸「さほどの不満ではない」と判断できたら問題改善にリソースを注ぐ

当たり前の話でしょう。職場について再び判断を行った上で、それが耐えられないレベルなら転職を考えるべきですし、そこまでの問題ではないとわかれば不満の解決にエネルギーを使うのが生産的です。

「いまの職場にいていいのか？」を判断するには？

それでは「職場に居続けるべきか？」や「この職場は正解だったのか？」といった悩みは、どのように判断すればいいのでしょうか？

こちらも難しい問題ではありますが、組織行動学における研究により、判断の精度を高める方法がいくつか編み出されています。定番の技法を見ていきましょう。

❶ヒエラルキー分析を再調整する

「この職場を選んで正解だったのか?」を判断するには、まずは181ページで行った「ヒエラルキー分析」を使うのが有効です。

やり方は簡単で、新しい職場に入ったら、転職前に作った「ヒエラルキー分析」を再び取り出して「評価値」を再調整するだけ。実際に働き始めて新たにわかった情報をもとに、レベル2の数字を書き換えていきましょう。

たとえば、新たな職場で「思ったより上司が嫌な人間だった」と思えば「仲間」の数値を下げ、逆に「事前のリサーチよりも仕事を任せてくれている」と感じたなら「自由」の数値を上げます。それで総合評価がどう変わったかで、現在の職場における満足度を再判断してみてください。

❷「仕事満足度尺度」を使う

「ヒエラルキー分析」と並んで使って欲しいのが、「仕事満足度尺度」(Job Satisfaction Scale)という判断法です。世界中で行われた仕事の満足度研究をもとに開発されたテストで、いまあなたが仕事からどれぐらいの幸福感を得られているかを数字で測ることができます。[1]

その精度については複数の検証が行われており、どのような職種においても仕事の幸福度を正しく予想できたとのこと。「いまの職場は良い場所なのか？」や「いまの仕事が幸せの向上に役立っているか？」などの問題に悩んだら、とりあえず試してみて損はありません。

テストの内容は244〜245ページに載せています。テストは全64問で構成されており、次の5つの基準で採点を行います。

1点＝まったく当てはまらない
2点＝当てはまらない
3点＝よくわからない
4点＝当てはまる
5点＝かなり当てはまる

【点数の判断法】

すべての採点が終わったら、★マークがついた質問の点数を反転してください（5点→1点、4点→2点、3点→3点、2点→4点、1点→5点）。その後、すべての点数を合計してください。

◉ **64～192点：**現時点では、仕事にかなりの不満があると考えられます。再び転職を考えるか、251ページからの「ジョブクラフティング」を使い、現在の労働環境を根っこから変えるように行動しましょう。

◉ **193～256点：**現在の仕事からやや幸福を得られていない状態です。まずは「ジョブクラフティング」を3ヶ月ほど実践して様子を見てください。それでも改善が見られないときは、転職を考えてもいいでしょう。

◉ **257～320点：**現在の仕事から平均よりも高い満足度を得られており、基本的には優良な職場だと言えます。転職するなとは言いませんが、まずはいまの職場の不満を改善する方向にリソースを注ぐほうが賢明です。

「仕事満足度尺度」の判断法は以上ですが、このテストは、いまの職場の改善点を考えるためのチェックリストとしても使えるでしょう。具体的には、このテストの各問題は、次

仕事の幸福を判断する64問

33：組織のゴールがよくわからない ★
34：組織のなかで何が起きているのかがわからないと感じることが多い ★
35：仕事でやるべきことが多すぎる ★
36：会社内のルールの多くが、良い仕事をする妨げになっている ★
37：いまの労働環境におおむね満足している
38：いまの会社は必要な装備を提供してくれる
39：いまの会社は法律で定められた労働時間や休暇を守っている
40：社内の研修やトレーニングプログラムにより自信がついた
41：いまの会社は満足な量の職業訓練やガイダンスを提供している
42：会社の研修やトレーニングプログラムによりモチベーションが上がった
43：会社の研修やトレーニングプログラムにより仕事のスキルが高まった
44：会社の研修やトレーニングプログラムにより、世の中の変化について行けるようになった
45：会社の研修やトレーニングプログラムにより仕事の満足度が上がった
46：いまの会社はプロとしての技能を高めるためのチャンスを提供してくれる
47：いまの会社が提供してくれるキャリア形成の機会に満足している
48：いまの仕事のせいで、家族や友人と過ごす時間が減っている ★
49：プライベートでの役割を果たすための時間を、いまの会社はサポートしてくれていない ★
50：いまの仕事のせいで、十分な睡眠や健康的な食事と運動に割く時間がないと感じる ★
51：自分が手がけた仕事が最終的にどうなったかをちゃんと知ることができない ★
52：いまの会社は私が好きでない仕事を指示してくるため、あまり幸福でないと感じる ★
53：私のマネージャーや上司が厳しすぎるデッドラインを設定するため、ストレスを感じる ★
54：組織のゴールを達成するために、すべての部署が協力し合っている
55：自分のパフォーマンスについて、気楽に提案やコメントができる
56：組織内のコミュニケーションやチームワークは良好だと思う
57：仕事にあたって、チームメイトから十分な励ましや協力を得られている
58：仕事のゴールの内容と目的を明確に理解できている
59：自分の仕事と責任の内容を明確に説明できる
60：私のマネージャーや上司は、部下に積極的な意思決定を任せてくれる
61：私のマネージャーや上司は、組織の意思決定に関する情報収集を任せてくれる
62：私がすべきタスクに関する重要な決定を、自分で自由に行うことができる
63：いまの会社に守られていると感じられる
64：いまの会社では、簡単に解雇されることはないと感じられる

仕事の幸福を判断する64問

1：自分の労働に対して、正当な賃金を支払われていると感じる
2：1年ごとの賃金の増え方に満足している
3：諸手当に満足している
4：いまの会社は、公平な昇進システムを採用している
5：いまの会社では、仕事のパフォーマンスが昇進の重要な要素である
6：自分にも昇進のチャンスがあり、その事実に満足している
7：いまの会社で昇進できた人は、他の会社に移っても同じように昇進するだろう
8：いまの上司やマネージャーは私に不公平だ ★
9：いまの上司やマネージャーは、部下の感情に興味を示さない ★
10：いまの上司やマネージャーは、部下の能力開発を重要な仕事のひとつと考えている
11：いまの上司やマネージャーは、自分の部下になんの相談もせずに意思決定をする ★
12：いまの上司やマネージャーは、私を意思決定のプロセスに参加させ、アイデアや意見を出すようにうながしてくれる
13：自分がいまの会社から受けるメリットに満足していない ★
14：いまの会社から受けているメリットは、他の会社や組織で受けられるメリットと同じぐらい良い
15：いまの会社から受けているメリットは、同僚と同じぐらいのレベルだ
16：なんらかのトラブルに起きた人に対して、いまの会社や組織が提供する補償に満足している
17：会社が提供する設備や備品に満足している
18：いまの会社が提供する社食、または周辺の食事環境に満足している
19：いまの会社は、社員の健康に気をつかってくれている
20：いまの会社への通勤状態に満足している
21：私が良い働きをしたときは、会社がしっかりと認めてくれる
22：自分の働きが感謝されているとは思えない ★
23：自分の努力が報われているとは感じられない ★
24：いまの会社には、従業員の良い働きに対して報いるためのシステムがある
25：いまの会社の報酬や評価のシステムは、公平に運営されている
26：一緒に働いている人たちのことが好きだ
27：一緒に働いている人の能力が低いせいで、自分はより多く働かねばならない ★
28：同僚と一緒に過ごす時間は楽しい
29：いまの会社には言い争いやケンカが多い ★
30：上司や同僚とは円滑な人間関係を築くことができている
31：組織内のコミュニケーションは全体的に良い
32：仕事の割り当てが満足に説明されることがない ★

のようなポイントに対応しています。

❶**給与と福利厚生の満足度**：1、2、3、13、14、15、16、17、18、19、20、21、22、23、24、25
❷**労働環境の満足度**：26、27、28、29、35、36、37、38、54、55
❸**キャリアと昇進機会への満足度**：4、5、6、46、47
❹**上司やリーダーシップへの満足度**：8、9、10、60、61
❺**社内コミュニケーションへの満足度**：31、32、58、59
❻**ワークライフバランスへの満足度**：48、49、50、51、52
❼**社内の能力開発への満足度**：41、42、43、44
❽**チームワークと職場の安心感への満足度**：56、57、63、64

各ポイントの満足度をチェックするためには、それぞれの問題につけた点数の平均値を出してください。おおまかな見方としては、平均値が3・5より下だった場合は、そのポイントの満足度は低めだと判断できます。逆に平均が4点を超えていれば、いまのところそのポイントに問題はないと言えるでしょう。

テストの結果をもとに転職を決めるかどうかはあなた次第ですが、仕事における自分の幸福を確かめるためにも、定期的なチェックを行うのがおすすめです。

仕事を最高に変える行動計画

ジョブクラフティングで「やりがい」をリノベートせよ

「ヒエラルキー分析」や「仕事満足度尺度」を使った結果、いまの職場はそこまでヒドくはなかったと気づくケースは珍しくありません。「なんとなくやる気は出ないが悪い職場ではなかった」や「いまの仕事は好きではないけど転職に時間を使うほどではない」などと判断したような状況です。

そんな場合には、「現在の職場をいかに良くするか？」「いかにいまの仕事に『やりがい』

を見出すか?」にエネルギーを注ぐのがベストです。もちろん転職を視野に入れて行動しても構いませんが、当座のリソースは現状の改善に回すほうが賢明でしょう。

その点において、現時点でもっとも効果が認められているのが「ジョブクラフティング」というテクニックです。2000年代の初めから研究が進んだ分野で、イェール大学の検証試験などにより、従業員のモチベーションを高める効果が大きいことがわかってきました。[2]

「ジョブクラフティング」の定義は複雑ですが、ひとことでまとめてしまえば、

◉自分の仕事を価値観にもとづいてとらえ直す手法

のようになります。退屈で無意味にしか思えないような仕事に、あらためて深い意味を見出すのが「ジョブクラフティング」の基本です。

この考え方をもっとも端的に表すのは、17世紀の建築家クリストファー・レンが伝えたエピソードでしょう。

ある日、クリストファーは自身が設計を手掛けたセントポール大聖堂の建築現場を視察

に訪れ、そこで働く作業員たちに「あなたはどんな仕事をしているのですか？」と尋ねて回りました。

この問いに対し、1人目の男は「石を細かく切ってるんです」と答え、続く2人目の男は「5シリングと2ペンスを稼いでるんです」と回答。さもありなんと思いつつも3人目の男にも同じ質問をしてみたところ、彼だけはまったく違う答えを返してきました。

「私は美しい大聖堂を作っているんです」――。

建築の仕事を「石切り」や「日銭稼ぎ」とだけとらえていれば、「自分は一介の作業員でしかない」といった思いしか生まれず、そこにモチベーションを見出すのは難しいでしょう。しかし、ここで「自分の作業は大聖堂の一部なのだ」と認識をシフトできれば、日々のタスクはより大きな価値観の一部となり、ステップ2の135ページで見た「貢献」の意識がブーストするはずです。[3]

近年では「ジョブクラフティング」の効果検証も進み、この技法が「仕事のやりがい」を大きく高めることがわかってきました。

現時点でもっとも精度が高いデータとしては、セントルイス大学による2017年のメタ分析があります。[4] 3万5670人もの被験者からデータを集め、「ジョブクラフティング」が私たちの仕事にどこまでの影響を与えるかを数字で示した重要な研究です。
その結果は、ざっと次のようなものでした。

◉前向きな行動の増加：r＝0・509
◉周囲の問題を積極的に解決する姿勢の増加：r＝0・543
◉主体的に仕事に取り組む感情の増加：r＝0・450

末尾の数値はいずれも相関係数で、このタイプの研究としては十分な数値だと考えて構いません。簡単に言うと、「ジョブクラフティング」を使えば、かなりの確率で仕事へのモチベーションが上がるわけです。

「ジョブクラフティング」の研究で有名な心理学者ジェーン・ダットンは、次のようにコメントしています。

「現代の仕事は官僚的で、いろいろなタイプの人間をひとつの型にはめようとする。仕事が退屈でドライに感じられるのも当然だ。しかし、自分の仕事を価値観にもとづいてとらえ直せばどんな職業でも深い意味が生まれる」

もしあなたが「いまの職場に大きな不満はないけど、このままでいいのだろうか

……」と悩んでいるなら、「ジョブクラフティング」を試してみる価値は十分にあります。
目の前の仕事を新たにとらえ直し、「やりがい」をイチからリノベーションするのです。

ジョブクラフティングを進める7つの手順

それでは「ジョブクラフティング」の技法を見ていきましょう。方法はいくつかありますが、ここでは前出のメタ分析でも効果が示されている基本的なバージョンを取り上げます。

(1) ビフォー・スケッチ

まず手始めに、あなたの現在の仕事の構成を分析しましょう。253ページの図のように、仕事の内容をブロックごとに書き出してください。

その仕事に必要な時間とエネルギーが多いほどブロックのサイズは大きくなり、少ないほど小さくなります。すべてのブロックを書き終わったら、それぞれに費やしている時間とエネルギーのパーセンテージを、すべての合計が100%になるように記入してみましょう。

日々の仕事において、自分の時間とエネルギーの分配率を理解している人はほとんどいません。この作業を行うと、「重要な仕事に意外と時間をかけていなかった……」や「影響力が少ない作業にエネルギーを使いすぎていた……」といった問題点が浮き彫りになるでしょう。現状を把握するための大事な一歩です。

(2)ビフォー・スケッチの省察

書き終えた「ビフォー・スケッチ」を見ながら、次の3つの質問について考えてみてください。思いついた答えは1～2個の短文にまとめて、ノートなどに記録します。

❶いまの仕事を最初に始めたときと比べて、現在の時間とエネルギーの割り当てには変化したところがあるか?

例:「業務の内容に目立った変化はないが、以前よりも報告書の作成に使う時間は増えている」

❷現在の時間とエネルギーの割り当てを見て、どのように感じただろうか? そして、そのように感じた理由はなんだろうか?

例:「書類作成に使っている時間があまりにも大きすぎる。この作業が全体の仕事に与える

ビフォー・スケッチ

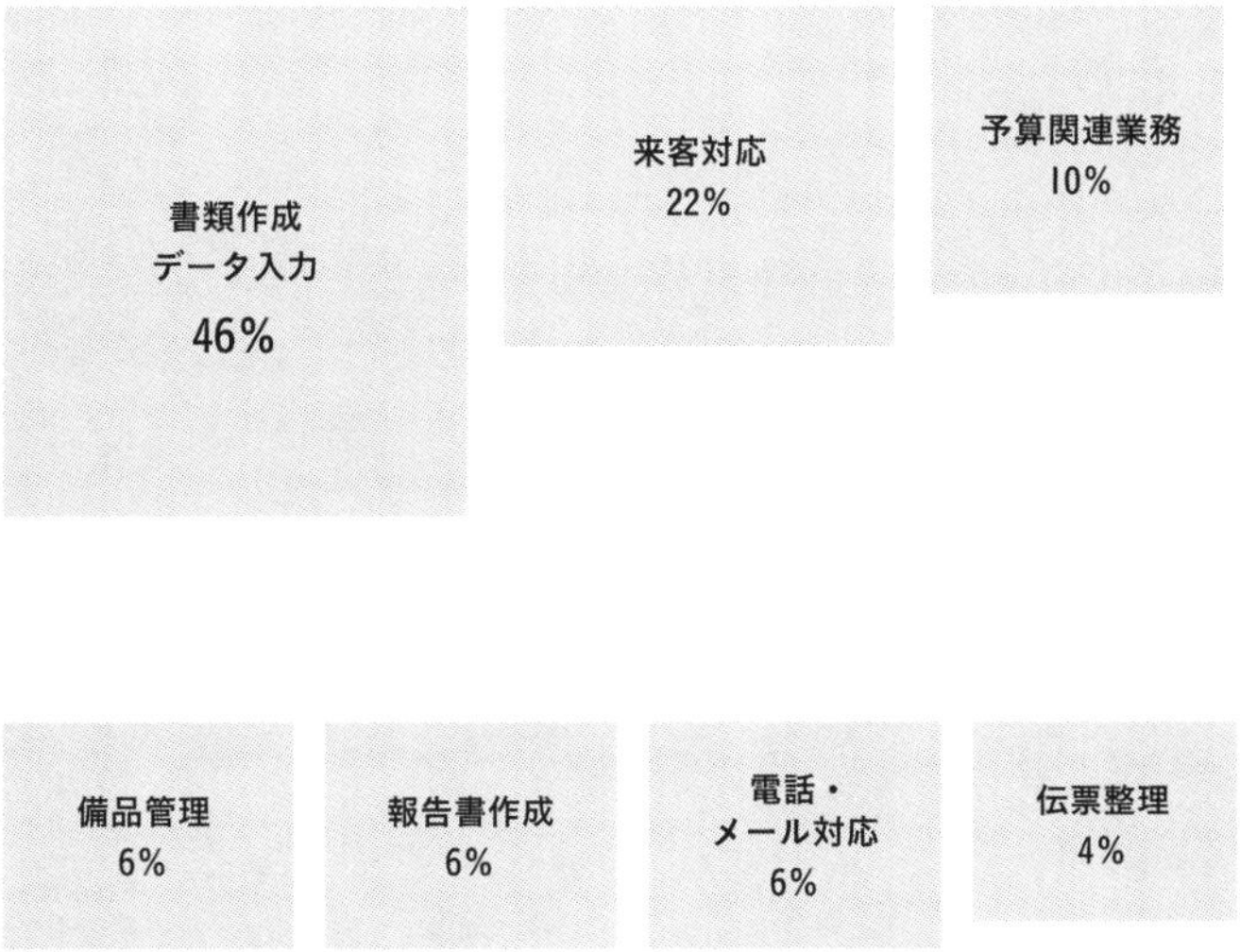

インパクトはそこまで大きくないのに」

❸ビフォー・スケッチを見て、どこか驚いた点はあるか？

例：「自分では来客対応に一番時間を使っているつもりだったが、意外とそうでもないことに驚いた」

（3）動機と嗜好のピックアップ

続いて、あなたが仕事について持っている「動機と嗜好」を選ぶ作業に移りましょう。「動機と嗜好」とは、おおよそ次の意味になります。

◉**動機**：仕事を通じてどのような「価値観」を達成したいか？　もしいまの自分が満ち足りてなんの不安もない人生を送っていたとして、それでも自分を仕事に駆り立てるような感情とはどのようなものか？

◉**嗜好**：実際に仕事を行うにあたって、どのような能力やスキルを発揮していきたいのか？　どんな行動を通して自分の価値観を達成したいのか？

どちらの要素も、直感で思いついたもので構いません。人の価値観や嗜好は状況によってコロコロと変わるのが普通なので、いまの時点でもっともしっくりくるものを選んでください。

もし何も思いつかないときは、次のリストをざっと眺めてピンと来たものをピックアップしましょう。動機と嗜好の数に制限はありませんが、それぞれ3〜4個ほどにとどめておくのがおすすめです。

◉動機

自由を求める、成長する、楽しさを求める、達成感を得る、権力を求める、安心を得る、周囲との調和、伝統を守る、影響力を高める、人間性を高める、人を助ける、人を導く、とにかく実行する、新たなものを創造する

◉嗜好

判断力、よく考える、創造性、知恵、専門性、学習力、忍耐力、集中力、誠実さ、活力、寛大さ、

社交性、趣味のよさ、楽観性、ユーモア、ものごとを整理する

（4）課題クラフティング

「課題クラフティング」では、日々の課題に関する「責任の範囲」を変えていく作業を行いましょう。

たとえば、料理人が自分の職務を「食事の提供」だと考えているなら、これを「他人の食事の喜びを広げるべく美しい一皿を作る」に変え、バスの運転手が自分の職務を「車両の操縦」だと考えているなら、これを「乗客の生活を維持するための足を提供する」に変えていきます。

このように、自分が考える仕事のイメージを新たな言葉でとらえ直すのが「課題クラフティング」のポイントです。

具体的には、手順2で考えた「ビフォー・スケッチの省察」を見つつ、ピックアップした「動機と嗜好」を「ビフォー・スケッチ」の各ブロックに配置していきます（次の図参照）。「この動機と嗜好を生かせそうなタスクはなんだろう？」や「この動機と嗜好に関連するタスクはなんだろう？」と考えてみるとわかりやすいでしょう。

ここでもっとも大事なのは、あなたが「それぞれのタスクをどう変えていきたいか？」

課題クラフティング

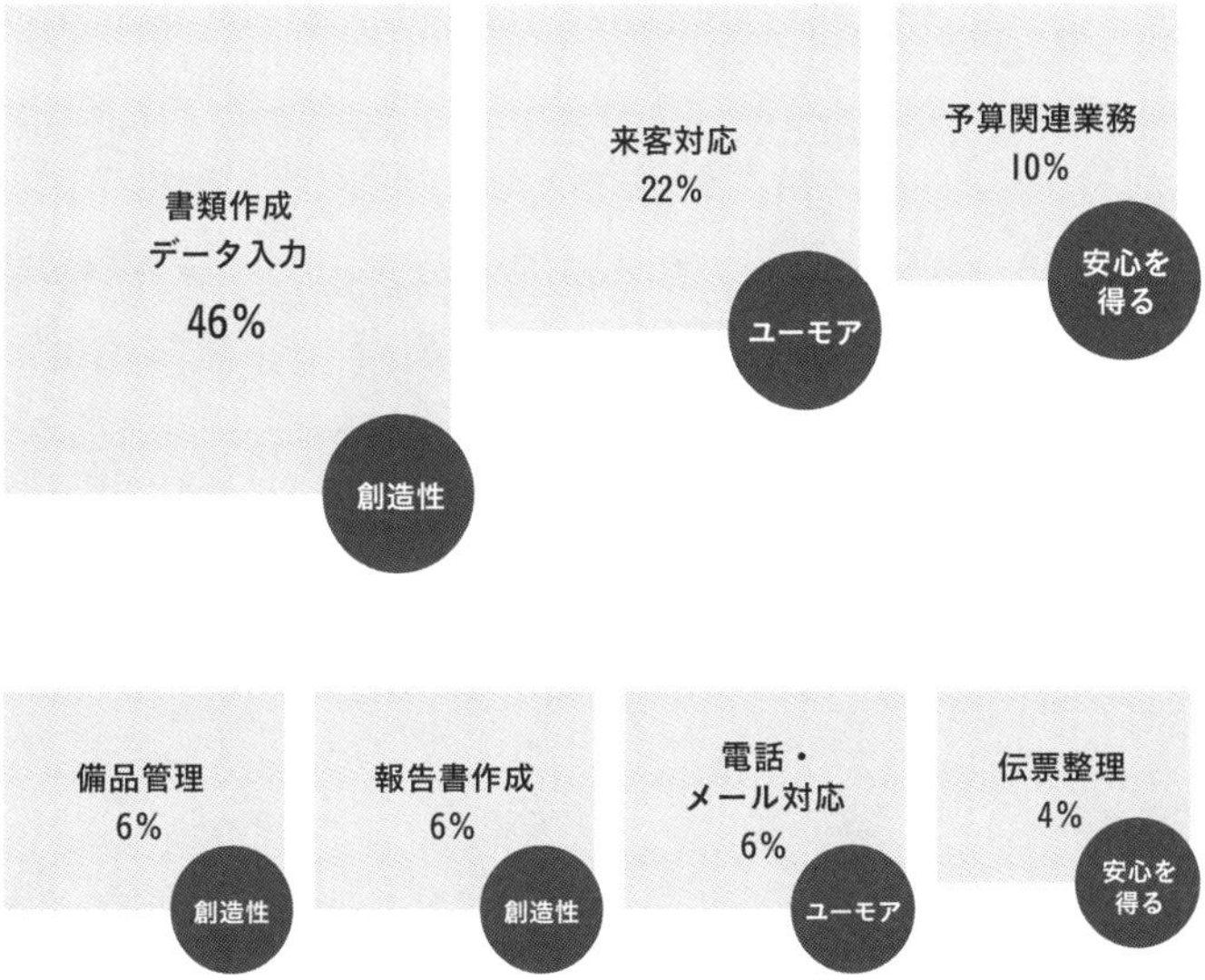

書類作成
データ入力
46%
創造性
来客対応
22%
ユーモア
予算関連業務
10%
安心を得る
備品管理
6%
創造性
報告書作成
6%
創造性
電話・
メール対応
6%
ユーモア
伝票整理
4%
安心を得る

を考え抜くことです。

図の例で言えば、「来客対応」というタスクについて、ある人は「他人とのコミュニケーションで楽しさを求める」のがベストなのかもしれませんし、またある人は「他人と情報をやり取りして学習の機会を得る」ことでモチベーションが上がるのかもしれません。

「書類作成」というタスクの場合でも、人によっては「情報を整理すること」にやりがいを感じるケースもあるでしょうし、「新たなドキュメントの作り方を考えて創造欲を満たす」ほうが向いていることもあるでしょう。すべてはあなたの選択次第なので、どこまでも自己本位に考えてみてください。

このとき、あなたの「動機と嗜好」をさらに活かせそうな新たなタスクを思いついたなら、「ビフォー・スケッチ」に書き加えても構いません。「いまの業務以外で、自分の動機と嗜好が役立ちそうなものは？」などと思案するといいでしょう。

また、ここで「いままでは書類作成に時間をかけすぎていた……」などの反省があれば、各ブロックに割り当てたパーセンテージの数値を小さく変えてみるのもありです。自分の理想的な時間とエネルギーの配分を考えて、こちらも好きに手を加えてください。

(5) 関係性クラフティング

「関係性クラフティング」は、会社の同僚、上司、外部のクライアントとの関係性を再構築するためのステップです。

長く同じ職場にいると、どうしても組織内の人間関係は固まってしまいがちなもの。本当はチーム外のディレクターやデザイナーなどと話を進めたほうが良いのに、その可能性にすら気づけないようなケースは珍しくないでしょう。その組織が持つ本来のポテンシャルを高めつつ、同時にあなた自身を成長させていくためには、いま一度思いをめぐらせてみる必要があります。

「関係性クラフティング」を行う際は、「ビフォー・スケッチ」の各ブロックごとに「この作業に取り組むときに重要な人は誰だろう?」と考え、その相手との関係性をより良くする方法を、261ページの図のように、すべてのタスクに書き込んでください。

適当な人を思いつかない場合は、次のように自問してみましょう。

- この作業を行うにあたり、もっとも影響力があるのは誰だろう?
- この作業を行うことで、もっとも利益を得られるのは誰だろう?

重要な人物を思いついたら、「この人との関係性を向上させるために、自分の動機と嗜好をどのように活かせるだろうか？」と問いを重ね、おおまかな改善プランを記入していきましょう。

⑹ 認知クラフティング

「認知クラフティング」では、日々のタスク全体に対するあなたのマインドセットを変える作業を行います。自分の仕事への視点を変えて、日常の退屈な仕事に意味を持たせていきましょう。

具体的には、261ページの図のように「ビフォー・スケッチ」の各ブロックを分類し、あなたにとっての「役割」を設定します。

- これらのタスクは、組織や自分にとっての大きな目標につながっているか？
- より上位のゴールや価値観を満たすために役立つことができるか？

これらの質問についてよく考えて、しっくりくる「役割」を考えてみましょう。

次の図の例では、書類に関わるタスクをひとまとめにしたうえで「チームが万全に機能

認知クラフティング

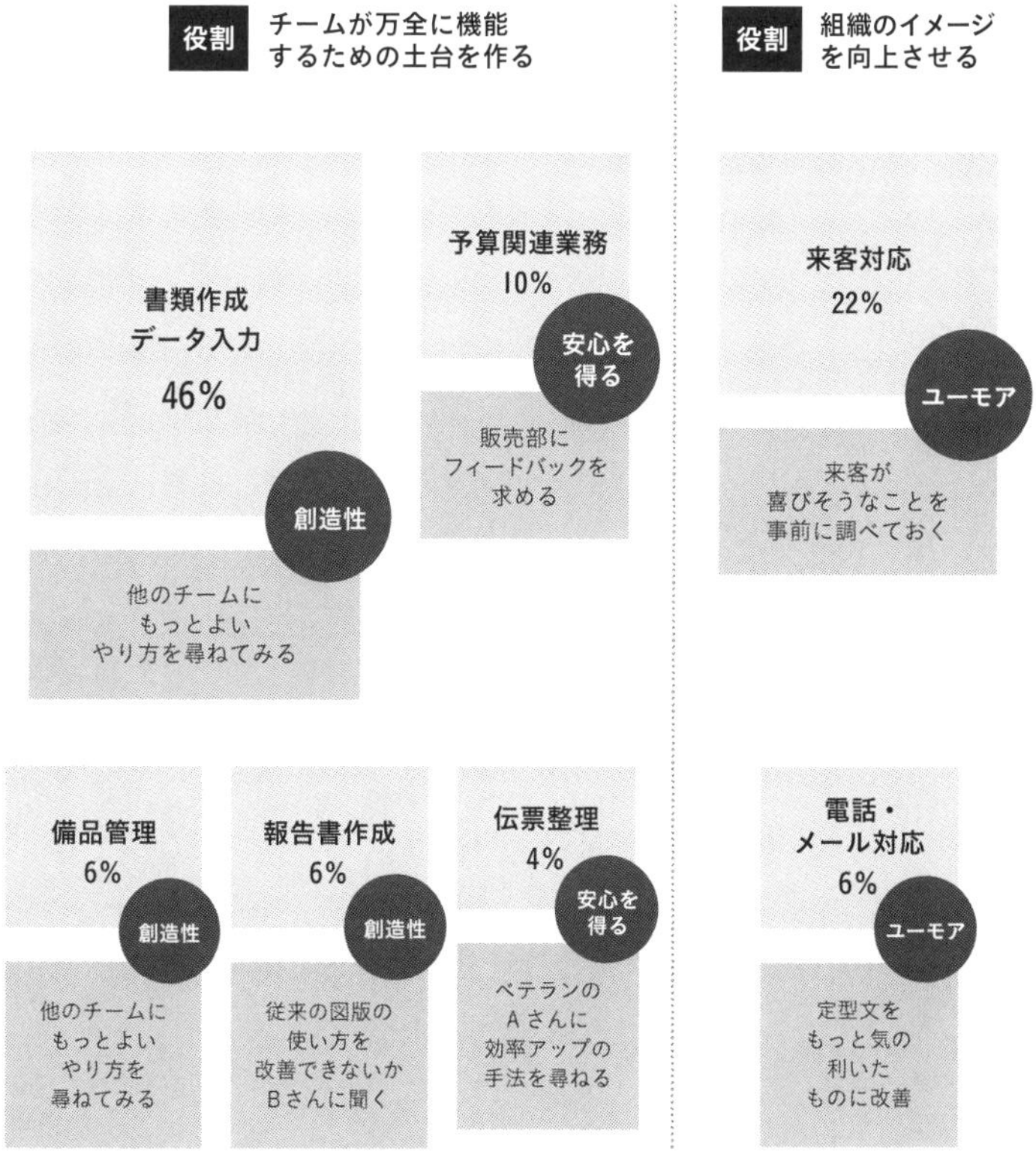
役割
チームが万全に機能
するための土台を作る
書類作成
データ入力
46%
創造性
他のチームに
もっとよい
やり方を尋ねてみる
予算関連業務
10%
安心を
得る
販売部に
フィードバックを
求める
備品管理
6%
創造性
他のチームに
もっとよい
やり方を
尋ねてみる
報告書作成
6%
創造性
従来の図版の
使い方を
改善できないか
Bさんに聞く
伝票整理
4%
安心を
得る
ベテランの
Aさんに
効率アップの
手法を尋ねる
役割
組織のイメージ
を向上させる
来客対応
22%
ユーモア
来客が
喜びそうなことを
事前に調べておく
電話・
メール対応
6%
ユーモア
定型文を
もっと気の
利いた
ものに改善

するための土台を作る」と役割を決め、もう一方には対人関係のタスクをまとめて「組織のイメージを向上させる」との役割を割り振りました。

が、基本的には、ブロックの分類はあなた自身の好みに従ってください。この例で言えば、「来客対応」と「報告書作成」をひとつにまとめて「自分のコミュニケーションスキルを磨く手段として使う」のように、別の役割を決めても構いません。

特になんの分類も思いつかないようであれば、すべてのブロックをひとまとめにくくり、「組織の幸福を底上げする」や「自分のスキルを存分に活かす」などと大きな役割を設定するのもありです。あくまでも、あなたの感覚にしっくりくる役割を選んでみてください。

（7）アクション・プラン

最後に「これから具体的にどんな行動をとるか？」を考えていきます。先の手順で完成したジョブクラフティングの図を見つつ、あなたが決めた役割を果たすためにできそうなことを紙に書き出しましょう。

アクション・プランを考える際は、263ページのワークシートを埋めてみてください。これはイリノイ大学などが従業員のエンゲージメントを高めるために開発したもので、「やりがい」の向上に役立つ明確な行動プランと、その過程で発生しそうなトラブルを考える

1：完成したジョブクラフティングの図を現実にするための、明確な行動はどのようなものですか？

1-a：次の1週間のあいだにできそうな行動はなんでしょうか？

データ入力の方法について、新しいフィードバックをくれそうな人をリストアップする

顧客に送る自動返信メールを、もっと親密感があるような内容に書き換える

報告書の図版作成のために新しい描画ソフトを使う

1-b：次の1ヶ月のあいだにできそうな行動はなんでしょうか？

過去の問い合わせ内容と回答（Q&A集）をまとめたデータベースの構築

部署別に異なる売上報告書のフォーマットを一つにそろえる

主要クライアントの興味や趣味を調べてリストアップする

2：完成したジョブクラフティングの図を現実にするために、助けてくれそうな人を具体的に3人挙げてみましょう。彼らにいつどのように手助けを依頼しますか？

来週末、ベテランのAさんに業務改善マニュアルのチェックを頼む

デザイナーのBさんに、図版作成ソフトの使い方を明日中に尋ねる

企画開発のCさんに、作業フローチャートの確認を来週中に頼む

3：完成したジョブクラフティングの図を現実にするにあたり、どんな困難や障害があると考えられますか？ その困難や障害を避けるために、どんな戦略を使うことができるでしょうか？

3-a：具体的な困難や障害はどのようなものですか？

改善へ時間配分を使いすぎて、書類作成に使う時間が減るかもしれない

他部署といきなりやりとりをしすぎると上司からの印象が悪くなるかも

新たな報告書の作り方をするにはある程度の予算が必要だが、申請が通らないかもしれない

3-b：その困難や障害が起きた場合に、どんな戦略で乗り越えられるでしょうか？

あらかじめジョブクラフティング用の割り当て時間のリミットを作っておく

周囲にジョブクラフティングの方法を伝えて仲間を作っておく

予算を使わずに近いゴールを達成できそうな方法を他部署に尋ねておく

のに役立ちます。[5]

「ジョブクラフティング」の基本的な手順は以上です。あとは最後に作ったアクション・プランに従って、粛々と日々の仕事をリノベーションしていきましょう。

「アクション・プラン」は、あなたが決めた「役割」をうまく満たしてくれるものであれば、どのようなものでも効果は得られます。

たとえば、心理学者のアダム・グラントが手がけた研究では、ある大学のコールセンターの資金調達の担当者たちに対し「授業料に困る学生を救う」という役割を意識させ、「寄付金で学業支援を受けている奨学生と面会してください」とのアクションを指示しました。[6]

すると、このアクションを続けた担当者は寄付の候補者との電話アポイント時間が142％増え、大学が得た最終的な収益は400％も上がったのです。この現象は、奨学生と実際に会うことにより、「授業料に困る学生を救う」という役割が満たされたために起きたと思われます。

これと同じように、自分が組織や世間に対してどのような役割を果たしたいのかを考え、そのニーズを満たすアクションを考えてみましょう。あなたの「やりがい」は確実に変わっていくはずです。

アクション・プランの成果が出たかどうかをチェックする21問

「ジョブクラフティング」は、いったんアクションプランを立てたらそこで終わりではありません。**そのアクションが本当に仕事の幸福度アップにつながるのかどうかを確かめ、もし間違っていた場合は定期的に修正を行う必要があります。**

そこで役に立つのが、「日本語版ジョブクラフティング尺度」です。欧米で使われるテストを日本人用にローカライズしたもので、あなたが「ジョブクラフティングを正しく実践できているか?」を数値でつかむことができます。

精度の検証も何度か行われており、2016年に日本のビジネスマン972人を対象にした調査でも、この尺度を使えば「ジョブクラフティング」の成功度を正確に判断できるとのお墨付きが出ています。[7] あなたの「やりがい」を正しく高めるためにも、「ジョブクラフティング尺度」による効果測定は行ってください。

267ページにテストを載せました。全21問で構成されており、次の5つの基準で採点を行います。アクションプランを実践した後に、職場での行動がどのように変わったか（または変わらなかったか）を考えながら、もっとも当てはまるものを選んでください。

1点＝まったくない
2点＝時々ある
3点＝しばしばある
4点＝よくある
5点＝とてもよくある

【点数の判断法】

すべてに点数をつけ終わったら、次の質問のブロックごとに点数を合計し、それぞれの平均点を出してください。

●1～5番
●6～11番
●12～16番
●17～21番

日本語版ジョブクラフティング尺度

1：	私は、自分の能力を伸ばすようにしている
2：	私は、自分自身の専門性を高めようとしている
3：	私は、仕事で新しいことを学ぶようにしている
4：	私は、自分の能力を最大限に生かせるように心がけている
5：	私は、自分の仕事のやり方を自分自身で決めている
6：	私は、仕事で思考力が消耗しすぎないようにしている
7：	私は、自分の仕事で感情的に張りつめないように心がけている
8：	私は、自分の感情を乱すような問題を抱えている人との関わりをできるだけ減らすように自分の仕事に取り組んでいる
9：	私は、非現実的な要求をしてくる人との関わりをできるだけ減らすように自分の仕事を調整している
10：	私は、困難な決断をたくさんしなくてもいいように自分の仕事を調整している
11：	私は、一度に長時間にわたって集中しなくてもいいように自分の仕事を調整している
12：	私は、上司に自分を指導してくれるように求める
13：	私は、上司が私の仕事に満足しているかどうか尋ねている
14：	私は、上司に仕事で触発される機会を求める
15：	私は、仕事の成果に対するフィードバックを他者に求める
16：	私は、同僚に助言を求める
17：	面白そうな企画があるときには、積極的にプロジェクトメンバーとして立候補する
18：	仕事で新しい発展があれば、いち早くそれを調べ、自ら試してみる
19：	いまの仕事であまりやることがないときは、新しいプロジェクトを始めるチャンスととらえる
20：	私は、金銭的な報酬が追加されなくても自分に課された以上の仕事を率先してこなしている
21：	私は、職務の様々な側面のつながりをよく考えながら自分の仕事がさらに挑戦しがいのあるようにしている

これで採点は終了です。それぞれの質問ブロックは、次のようなポイントを反映しています。

◉ **1〜5番：構造的な仕事の資源の向上**「自分の能力を高めるために努力して、仕事で自分のスキルを生かすように意識しているか？」

◉ **6〜11番：妨害的な仕事の要求度の低減**「ネガティブな感情をコントロールし、そのような気分を起こさせる人との関わりを避けているか？」

◉ **12〜16番：対人関係における仕事の資源の向上**「上司や仲間たちと職場で良い関係を築くことができているか？」

◉ **17〜21番：挑戦的な仕事の要求度の向上**「ある程度の難易度を持った仕事に対して、積極的に取り組んでいくことができているか？」

以上のポイントを参考にしつつ、「いまの仕事がつまらないのは、どの要素が足りないからなんだろう？」や「どの要素を改善すれば、より仕事を楽しくできるのだろう？」などと考えてみてください。ここで改善ポイントが見つかったら再び「ジョブクラフティング」を行い、弱点を補強できるようなアクション・プランを考えていくといいでしょう。

ちなみに、日本における「ジョブクラフティング尺度」の平均点数はおおよそ次のとおりです。

- **1〜5番**：2・8点
- **6〜11番**：2・1点
- **12〜16番**：1・8点
- **17〜21番**：2・1点

これらの数値を超えていれば、とりあえず現時点であなたの仕事への前向きさは、平均的な日本人よりも上だと考えられます。

ここからさらに長所を伸ばすか、それとも足りない部分を補っていくかは自分の判断次第ですが、いずれにせよ「ジョブクラフティング尺度」は1〜3ヶ月ほどのペースでくり返すようにしてください。

ジョブクラフティングの2大弱点に注意せよ

何事も完璧なテクニックなどは存在しないもの。退屈な仕事に情熱を生み出したいなら「ジョブクラフティング」がベストな手法ですが、やはり一定のダークサイドもあわせ持ちます。仕事のリノベーションを行う際には、必ず次の2つのポイントに注意してください。

❶ 情熱と目的意識を増やしすぎない

仕事への情熱と目的意識を増やすのが「ジョブクラフティング」の要点ながら、いきすぎれば問題を起こすこともあります。

なかでもありがちなのが、課題をリノベーションする作業が楽しいあまりに、ついアクション・プランを増やしすぎてしまうケースです。仕事への情熱や目的意識がよみがえったところまでは良かったものの、そのおかげで日々の業務へのストレスが増え、最終的には燃え尽き症候群に陥ってしまう人をよく見かけます。

もともと産業心理学などの世界では、「仕事に情熱を燃やす人ほど燃え尽きやすい」という事実がよく知られていました。燃え尽き症候群は誰にでも起こり得る現象ですが、なかでも発生率が高いのは、目的意識を持って仕事にのめり込んでいる人なのです。

3715人のビジネスマンを対象にした研究では、高い目標を掲げたエグゼクティブや医師、教師などは、仕事を始めたばかりの時点では幸福度が高いものの、職歴が長引くうちにストレスが激増し、怒りや不安などの感情が増す傾向がありました。[8]

心理学者のデイビッド・ホワイトサイドは、「自分の仕事につながりを感じることは明らかにメリットがあるが、一方では長期的な燃え尽き症候群とも関連しやすい」と指摘します。情熱を持ちすぎたせいで日々のタスクが増え、そのせいでワークライフバランスが壊れてしまうわけです。

WHOの定義では、燃え尽き症候群の特徴は大きく3つに分けられます。

①モチベーションが逆に下がってしまう
②自分の仕事に対して否定的な感情や不信感が起きる
③仕事の効率があきらかに低下する

「ジョブクラフティング」の後に似たような兆候が現れた場合は、すぐにアクション・プランを見直すようにしましょう。「仕事への情熱」は、くれぐれも用法用量を守ってお使いください。

❷「やりがい搾取」に気をつける

「やりがい搾取」という言葉をご存じの方は多いでしょう。仕事への情熱が大きい従業員をこき使い、不当に安い賃金で働かせる行為を意味する言葉です。

「やりがい搾取」は世界的に見られる現象で、オクラホマ州立大学などによるメタ分析では、仕事に情熱を燃やす従業員ほど無給で長時間労働を強いられたり、本来の業務とは関係がない事務仕事やオフィスの掃除などまでやらされやすい事実が確認されています。[9]

このような現象が起きる理由は簡単で、人間の心のなかには「情熱がある人は搾取しても構わない」と無意識に考えてしまうバイアスがあるからです。先のメタ分析では大量の被験者にインタビューを行い、こんな傾向を明らかにしています。

● アーティストやソーシャルワーカーのように情熱的な人が多い業界に対しては、「労働環境がヒドい場所で働いても当然だろう。なぜなら本人にやる気があるのだから」と回

答する人が多かった

◉情熱がないのに劣悪な環境で働く人を見た場合でも、「あれだけヒドいところで働いているのだから、あの人はモチベーションが高いのだろう」と考える人が多かった

要するに、たいていの人は「熱心に働いている人は搾取されて当然だ」と思い込むうえに、ブラック企業で働く人を見ても「好きでやってるんだから仕方ない」と考えてしまうバイアスを持つわけです。

この問題は「ジョブクラフティング」においても例外ではなく、157の動物園を対象にした研究でも、普段から意識して仕事の「やりがい」を高めようと努力している人の一部には、同僚よりも賃金が低く、余分な仕事を押し付けられやすい傾向が見られました。[10]「ジョブクラフティング」で高まった情熱を、企業から悪用されてしまうわけです。

ステップ2・3でも確認したように、「組織内の不公平感」はあなたの幸福を下げる大きな要素のひとつです。当たり前ですが、「ジョブクラフティング」を、ブラック企業に居続けるためのテクニックとしては絶対に使わないでください。

「いまの仕事でよかったのか?」不安になったら、
現状の満足度を測定。必要に応じて「やりがい」の調整を行う。

仕事の満足度を判断する2つの尺度

1 ヒエラルキー分析を再調整する

2 「仕事満足度尺度」を使う

仕事の満足度を高める行動計画

1 ビフォー・スケッチ

2 ビフォー・スケッチの省察

3 動機と嗜好のピックアップ

4 課題クラフティング

5 関係性クラフティング

6 認知クラフティング

7 アクション・プラン
→実践後、「ジョブクラフティング尺度」で効果をチェック

おわりに

本書の内容は、全編がひとつづきの長いステップで構成されています。取り上げたテクニックもかなりの数にのぼるため、実践の際に道に迷ったような気分になってしまう方も少なくないでしょう。

そこで最後に「AWAKE」のポイントを簡単にまとめておきます。本書の実践中に困ったときは、いったん以降のサマリーを見ながら「自分はいま何をしているのか？」や「優先して使うべきテクニックは何か？」といった問題を確認してみてください。

ステップ1　幻想から覚める（Access the truth）

最初のステップで取り上げた「7つの大罪」（41ページ）は、私たちが適職探しでハマりがちな「思い込み」を網羅しています。これらの「思い込み」から完全に自由になるのは難しいため、今後もついつい好きになれそうな仕事や楽な仕事を探してしまうこともあるでしょう。そんなときは、折に触れて「7つの大罪」を読み返してみてください。

ステップ2　未来を広げる（Widen your future）

ここで取り上げたテクニックのなかでは、「8つの質問」（146ページ）がもっともあなたの未来を広げるパワーを持ちます。「7つの徳目」（101ページ）をきっちり押さえたうえで、最低でも「8つの質問」だけは実践してください。

ただし、この時点でまだ仕事の大きな方向性が見えていないときは、「徳目アテンション」（141ページ）を使ってざっくりした未来を考えてみましょう。

ステップ3　悪を取り除く（Avoid evil）

このステップでは「ヒエラルキー分析」（181ページ）を最強のツールとして取り上げていますが、まだそこまで真剣に考えていない段階であれば「マトリックス分析」（178ページ）を使い、現在の候補を暫定的に絞り込んでみてください。もちろん、その際は「職場の8大悪」（171ページ）をしっかり考慮することもお忘れなく。

ステップ4　歪みに気づく（Keep human bias out）

本格的にバイアスの問題に取り組みたいなら、「イリイスト転職ノート」（219ページ）がおすすめです。自分の意思決定を客観的に見つめる働きが大きいため、転職の基本ツールとして使えるでしょう。

また、続いて研究例が多いのは、「360度フィードバック」（230ページ）と「プレモータム」（212ページ）です。この2つを中心に使いつつ、好みに応じて「10／10／10テスト」（209ページ）や「親友イメージング」（232ページ）も利用してください。

ステップ5　やりがいを再構築する（Engage in your work）

最後のステップでは、「仕事満足度尺度」（241ページ）を定期的（3ヶ月おきなど）に行い、折にふれて自分の仕事を見つめ直すといいでしょう。その結果に応じて随時「ジョブクラフティング」（251ページ）を行い、「やりがい」の調整を行ってください。

「AWAKE」のポイントは以上です。ここまでやればあなたの意思決定力は確実に高まり、適職を選べる確率もはね上がるはず。結果として、人生の幸福度も高まっていくでしょう。

ただし、ここでぜひ覚えておいて欲しいのは、もし「AWAKE」をパーフェクトにやり遂げても、「キャリアへの不安」がよみがえる瞬間は必ずまたやってくる、という点です。「AWAKE」をこなせば人生の成功率は高まるものの、結局のところ「適職探し」に絶対の正解はありません。どんな専門家でもコイン投げぐらいの精度でしか未来予測できないのはステップ1で紹介したとおりですし、どれだけ精緻な分析法でキャリアプランニングをしても、どれだけ優秀な意思決定ツールを使っても、必ず失敗と挫折の瞬間は訪れます。

残念ながらこの問題を解決する妙薬はありませんが、現時点でもっとも役に立つのは「キャリア・ドリフト」の考え方でしょう。これは神戸大学大学院の金井壽宏教授が提唱するアイデアで、次のようなポイントから成り立っています。[1]

❶人生は予測不可能なイベントの連続であり、事前の計画どおりに進むことは少ない
❷そのため、自分のキャリアについては、事前に細かく決めておくよりも大きな方向性だけを定めたほうが良い
❸いったん方向性を決めたら、あとは人生に起きた偶然や予期せぬ出来事に柔軟に対応しながらキャリアを積めばいい

どうせ人生は予測できないのだから下手にコントロールしようとせず、大きな方向性だけを決めた後は流れに身をゆだねる（ドリフト）のが最適だ、というわけです。データの助けを借りずとも、この考え方が正しいことは明らかでしょう。

終身雇用や年功序列などの制度がまだ機能していた時代ならいざしらず、AIの進出や景気の悪化などのせいで数年おきに市場が変わってしまう現代では、いかにガチガチにキャリアプランを決めておこうが、うまくいくわけがありません。

それどころか、状況が変わるたびに「このプランは本当に正しかったのだろうか?」との疑念が生まれ、いよいよキャリアへの不安が高まってしまうでしょう。それならば、どうにもできないところは偶然に任せたほうがいいのは当然のことです。

事実、スタンフォード大学のジョン・クランボルツなどは、「キャリアの80%は思いがけない出来事で決まる」と推定しています。[2]キャリア選びが計画どおりに進むケースは全体の2割ほどにすぎず、残りの8割は思いがけぬ出会いや予期せぬイベントに左右されるというのです。この数値は国や時代によって異なるでしょうが、先行きが不透明な現代においては、偶然の重要性がいよいよ高まってきたのは間違いありません。

話をまとめると、《人生のドリフト》とは次のようなプロセスになります。

❶人生の節目がきたら「AWAKE」のステップを使い、意思決定を行う

❷それ以外のタイミングでは、ただ流れに身を任せて日々のタスクに集中する

ここでいう「節目」とは、就職や転職、結婚、病気、出産のように、いままでの生き方を変えねばならなかったり、人生のゴールを再調整する必要が出てきたりしたタイミングを指します。このような「節目」では、「ＡＷＡＫＥ」のステップで正しい選択肢を選ぶ確率を高めておき、いったん特定の選択肢を選んだら、あとは日々を楽しむ気持ちで偶然に身をゆだねましょう。「自分が本当にやりたい仕事とは？」や「自分にとってベストな仕事とは？」などと日常的に思い悩むよりは、ある程度まで偶然に身をゆだねたほうが確実に毎日を幸せに暮らせるはずです。

無計画のまま享楽的に生きるのではなく、かといって適職の幻を追い続けるのでもなく、目の前の選択肢についてしっかりと考えたら、あとは人生の流れに身を任せる。これがキャリア選択における「人事を尽くして天命を待つ」の正しい姿です。

もし今後の人生でふと未来のキャリアへの不安がよぎったら、ぜひまた「ＡＷＡＫＥ」のステップを実践してみてください。その結果あなたの毎日が少しでも楽になれば最高ですし、人生の後悔を少しでも減らすことができたなら、それに勝る喜びはありません。

みなさまのご多幸をお祈りしています。

読者特典

科学的な適職探しツール

以下のURLから、本書で紹介した
適職探しに役立つツール の実践シートをダウンロードできます。

https://cm-group.jp/LP/40374/

- イニシャルリスト
- プロコン分析
- マトリックス分析
- ヒエラルキー分析
- イリイスト転職ノート
- アクション・プラン

References

ステップ0

1.Karl Pillemer (2012)30 Lessons for Living: Tried and True Advice from the Wisest Americans
2.Groysberg, Boris, and Robin Abrahams. (2010)Five Ways to Bungle a Job Change.
3.Paul C. Nutt (1993)The Identification of Solution Ideas During Organizational Decision

ステップ1

1.Patricia Chen, Phoebe C. Ellsworth, Norbert Schwarz(2015)Finding a Fit or Developing It: Implicit Theories About Achieving Passion for Work
2.Kira Schabram and Sally Maitlis(2016)Negotiating the Challenges of a Calling: Emotion and Enacted Sensemaking in Animal Shelter Work
3.Michael M. Gielnik, Matthias Spitzmuller, Antje Schmitt, D. Katharina Klemann and Michael Frese(2014)"I Put in Effort, Therefore I Am Passionate": Investigating the Path from Effort to Passion in Entrepreneurship
4.Cal Newport(2016)So Good They Can't Ignore You
5.Paul A. O'Keefe et al.(2018)Implicit Theories of Interest: Finding Your Passion or Developing It?
6.Timothy A.Judge,Ronald F.Piccolo,Nathan P.Podsakoff,John C.Shaw,Bruce L.Rich(2010)The relationship between pay and job satisfaction: A meta-analysis of the literature.
7.William Fleeson(2004)Moving Personality Beyond the Person-Situation Debate: The Challenge and the Opportunity of Within-Person Variability
8.Richard J. Ball and Kateryna Chernova (2005) Absolute income, relative income, and happiness.
9.内閣府(2019)「満足度・生活の質に関する調査」に関する第1次報告書
10.Daniel W. Sacks, Betsey Stevenson, Justin Wolfers(2010)Subjective Well-Being, Income, Economic Development and Growth
11.Patric Diriwaechter,Elena Shvartsman(2018)The anticipation and adaptation effects of intra- and interpersonal wage changes on job satisfaction
12.Christopher J Boyce, Gordon D A Brown ,Simon Christopher Moore(2010)Money and Happiness: Rank of Income, Not Income, Affects Life Satisfaction
13.Philip E. Tetlock(2005)Expert Political Judgment: How Good Is It? How Can We Know?
14.Jordi Quoidbach, Daniel T. Gilbert, Timothy D. Wilson (2013) The End of History Illusion.

15.Alba Fishta, Eva-Maria Backé(2015)Psychosocial stress at work and cardiovascular diseases: an overview of systematic reviews

16.Jane Ferrie, Martin J Shipley, George Davey Smith,Stephen A Stansfeld(2002)Health Inequalities among British civil servants: the Whitehall II study

17.Jennifer Kavanagh(2005)Stress and Performance:A Review of the Literature and Its Applicability to the Military

18.http://enneagramuserguide.com/article/enneagram-accuracy

19.David Pittenger(2005)Cautionary Comments Regarding the Myers-Brigg Type Inventory

20.William L. Gardner, M. J. Martinko(1996)Using the Myers-Briggs Type Indicator to Study Managers: A Literature Review and Research Agenda

21.Van Iddekinge CH et al.(2011)Are you interested? A meta-analysis of relations between vocational interests and employee performance and turnover.

22.Bruce Burns (2004). The effects of speed on skilled chess performance.

23.Nicole L.Wood ,Scott Highhouse(2014)Do self-reported decision styles relate with others' impressions of decision quality?

24.Radford,M.H.B.,Mann,L.,太田保之゛中根允文(1989)個人の意志決定行為と人格特性(第1報)

25.Frank L. Schmidt(2016)The Validity and Utility of Selection Methods in Personnel Psychology: Practical and Theoretical Implications of 100 Years of Research Findings

26.Asplund, J., Lopez, S. J., Hodges, T., & Harter, J. (2007). The Clifton StrengthsFinder 2.0 technical report: Development and validation. Princeton, NJ: Gallup,

27.Christopher Peterson, John Paul Stephens, Fiona Lee, Martin E P Seligman(2009)Strengths of Character and Work

ステップ2

1.Stephen E. Humphrey, Jennifer D. Nahrgang and Frederick P. Morgeson(2007)Integrating Motivational, Social, and Contextual Work Design Features: A Meta-Analytic Summary and Theoretical Extension of the Work Design Literature

2.Colin Ward , David Harvey (1973)Anarchy in Action

3.Blossom Yen-Ju Lin, Yung-Kai Lin, Cheng-Chieh Lin, Tien-Tse Lin(2011)Job autonomy, its predispositions and its relation to work outcomes in community health centers in Taiwan

4.MG Marmot, H Bosma, H Hemingway,E Brunner, S Stansfeld(1997)Contribution of job control and other risk factors to social variations in coronary heart disease incidence.

References

5.Daniel Wheatley(2017)Autonomy in Paid Work and Employee Subjective Well-Being

6.Amabile, T., Kramer, S. (2011) The Power of Small Wins.

7.Ran Kivetz, Oleg Urminsky, Yuhuang Zheng(2006)The Goal-Gradient Hypothesis Resurrected: Purchase Acceleration, Illusionary Goal Progress, and Customer Retention

8.Heidi Grant Halvorson, E. Tory Higgins(2014)Focus: Use Different Ways of Seeing the World for Success and Influence

9.Heidi Grant Halvorson E. Tory Higgins(2013)Do You Play to Win—or to Not Lose?

10.Klodiana Lanaj et al.(2012)Regulatory focus and work-related outcomes: a review and meta-analysis.

11.三ツ村美沙子、高木浩人(2015)職務特性と制御焦点が学生アルバイトのワーク・モチベーションに及ぼす影響

12.尾崎由佳・唐沢かおり(2011)自己に対する評価と接近回避志向の関係系 ——制御焦点理論に基づく検討—— 心理学研究,82(5),450-458.

13.Joel Goh, Jeffrey Pfeffer, Stefanos A. Zenios(2015)The Relationship Between Workplace Stressors and Mortality and Health Costs in the United States

14.Ashley E. Nixon ,Joseph J. Mazzola,Jeremy Bauer,Jeremy R. Krueger ,Paul E. Spector (2011)Can work make you sick? A meta-analysis of the relationships between job stressors and physical symptoms

15.Brickman, Philip, Dan Coates, and Ronnie Janoff-Bulman.(1978)Lottery winners and accident victims: Is happiness relative?

16.Fried, Yitzhak Ferris, Gerald R.(1987)The validity of the Job Characteristics Model: A review and meta-analysis.

17.Tom Rath(2006)Vital Friends: The People You Can't Afford to Live Without

18.Humphrey SE, Nahrgang JD, Morgeson FP.(2007)Integrating motivational, social, and contextual work design features: a meta-analytic summary and theoretical extension of the work design literature.

19.André Nyberg, Lars Alfredsson, Mika Kivimäki(2009)Managerial leadership and ischaemic heart disease among employees: the Swedish WOLF study

20.Michael Housman , Dylan Minor (2015)Toxic Workers

21.Toni Alterman et al.(2019)Trust in the Work Environment and Cardiovascular Disease Risk: Findings from the Gallup-Sharecare Well-Being Index

22.Tom W. Smith(2007)Job Satisfaction in the United States

23.Peggy A. Thoits , Lyndi N. Hewitt(2001)Volunteer work and well-being.

24.Stephen E. Humphrey, Jennifer D. Nahrgang and Frederick P. Morgeson(2007)Integrating Motivational, Social, and Contextual Work Design Features: A Meta-Analytic Summary and Theoretical Extension of the Work Design Literature

25.Nelson, S. K., Layous, K., Cole, S. W., Lyubomirsky, S.(2016)Do unto others or treat yourself? The effects of prosocial and self-focused behavior on psychological flourishing.

ステップ3

1.John M. Gottman, James Coan, Sybil Carrere, Catherine Swanson(1998)Predicting Marital Happiness and Stability from Newlywed Interactions

2.Arménio Rego ,Filipa Sousa,Carla Marques ,Miguel Pina e Cunha(2011)Optimism predicting employees' creativity: The mediating role of positive affect and the positivity ratio

3.Joel Goh, Jeffrey Pfeffer, Stefanos A. Zenios(2015)The Relationship Between Workplace Stressors and Mortality and Health Costs in the United States

4.Guadi M, Marcheselli L, Balduzzi S, Magnani D, Di Lorenzo R(2016)The impact of shift work on the psychological and physical health of nurses in a general hospital: a comparison between rotating night shifts and day shifts

5.Jean-Claude Marquie et al.(2013)Chronic effects of shift work on cognition: Findings from the VISAT longitudinal study

6.Bruno S. Frey(2004)Stress That Doesn't Pay: The Commuting Paradox

7.Javier Lopez-Zetina(2006) The link between obesity and the built environment. Evidence from an ecological analysis of obesity and vehicle miles of travel in California

8.Thomas James Christian(2009)Opportunity Costs Surrounding Exercise and Dietary Behaviors: Quantifying Trade-offs Between Commuting Time and Health-Related Activities

9.Mika Kivimäki et al.(2014)Long working hours, socioeconomic status, and the risk of incident type 2 diabetes: a meta-analysis of published and unpublished data from 222 120 individuals

10.Marianna Virtanen et al.(2011)Long working hours and symptoms of anxiety and depression: a 5-year follow-up of the Whitehall II study

11.Ariane G. Wepfer et al.(2017)Work-Life Boundaries and Well-Being: Does Work-to-Life Integration Impair Well-Being through Lack of Recovery?

12.Mark Cropley et al.(2017)The Association between Work-Related Rumination and Heart Rate Variability: A Field Study

13.Alex J. Wood Vili Lehdonvirta Mark Graham(2018)Workers of the Internet unite? Online freelancer organisation among remote gig economy workers in six Asian and African countries

14.James A. Evans, Gideon Kunda and Stephen R. Barley(2004)Beach Time, Bridge Time, and Billable Hours: The Temporal Structure of Technical Contracting

15.Benedicte Apouey et al.(2019)The Effects of Self and Temporary Employment on Mental Health: The Role of the Gig Economy in the UK

16.Cheryl Carleton , Mary Kelly(2018)Alternative Work Arrangements and Job Satisfaction

17.Julianne Holt-Lunstad ,Timothy B. Smith ,J. Bradley Layton(2010)Social Relationships and Mortality Risk: A Meta-analytic Review

18.Boris Groysberg , Robin Abrahams(2010)Five Ways to Bungle a Job Change

19.Jian-Bo Yang , Dong-Ling Xu(2002)On the evidential reasoning algorithm for multiple attribute decision analysis under uncertainty

20.Thomas L.Saaty (2001). Fundamentals of Decision Making and Priority Theory With the Analytic Hierarchy Process.

ステップ4

1.Dan Lovallo , Olivier Sibony(2010)The case for behavioral strategy

2.ダニエル・カーネマン(2012)ファスト&スロー

3.Suzy Welch(2009)10-10-10: A Life-Transforming Idea.

4.Chernyak, N., Leech, K. A., & Rowe, M. L.(2017)Training preschoolers' prospective abilities through conversation about the extended self.

5.Mitchell, D. J., Russo, J. E., & Pennington, N. (1989)Back to the future: Temporal perspective in the explanation of events

6.Igor Grossmann, Anna Dorfman, Harrison Oakes, Henri C. Santos, Kathleen D. Vohs(2019)Training for Wisdom: The Illeist Diary Method

7.Joshua J. Jackson, James J. Connolly, S. Mason Garrison(2015)Your Friends Know How Long You Will Live: A 75-Year Study of Peer-Rated Personality Traits

8.Bernard M. Bass, Francis J. Yammarino(2008)Congruence of Self and Others' Leadership Ratings of Naval Officers for Understanding Successful Performance

9.Nicholas O. Rule , Nalini Ambady(2008)The Face of Success: Inferences from Chief Executive Officers' Appearance Predict Company Profits

10.Nicholas O. Rule , Nalini Ambady(2011)Face and fortune: Inferences of personality from Managing Partners' faces predict

their law firms' financial success
11.Ilana Gershon(2018)Down and Out in the New Economy: How People Find (or Don't Find) Work Today
12.Korn Ferry(2004)Patterns of rater accuracy in 360-degree feedback
13.Igor Grossmann, Ethan Kross(2014)Exploring Solomon's Paradox: Self-Distancing Eliminates the Self-Other Asymmetry
14.Susan J. Ashford , Anne S. Tsui(2010)Self-Regulation for Managerial Effectiveness: The Role of Active Feedback Seeking

ステップ5

1.T S Nanjundeswaraswamy(2019)Development and validation of job satisfaction scale for different sectors
2.Luigi Brocca(2019)Job Crafting, Work Engagement & Job Satisfaction: Un modello di mediazione delle nuove sfide al lavoro
3.Library of Congress (1989)Respectfully Quoted: A Dictionary of Quotations.
4.Cort W.Rudolph et al.(2017)Job crafting: A meta-analysis of relationships with individual differences, job characteristics, and work outcomes
5.Meredith Myers et al.(2019)Job Crafting™ Booklet
6.Adam M.Grant et al.(2007)Impact and the art of motivation maintenance: The effects of contact with beneficiaries on persistence behavior
7.Hisashi Eguchi, Akihito Shimazu, Arnold B. Bakker , Maria Tims , Kimika Kamiyama , Yujiro Hara , Katsuyuki Namba , Akiomi Inoue , Masakatsu Ono, Norito Kawakami(2016)Validation of the Japanese version of the job crafting scale
8.Jennifer Moss(2019)When Passion Leads to Burnout
9.Jae Yun Kim, Troy H. Campbell, Steven Shepherd, Aaron C. Kay(2019)Understanding contemporary forms of exploitation: Attributions of passion serve to legitimize the poor treatment of workers.
10.J. Stuart Bunderson, Jeffery A. Thompson(2009)The Call of the Wild: Zookeepers, Callings, and the Double-edged Sword of Deeply Meaningful Work

おわりに

1.金井 壽宏 (2002) 働くひとのためのキャリア・デザイン
2.ジョン・クランボルツ (2005) その幸運は偶然ではないんです！

【著者略歴】

鈴木祐（すずき・ゆう）

新進気鋭のサイエンスライター。1976年生まれ、慶應義塾大学SFC卒業後、出版社勤務を経て独立。10万本の科学論文の読破と600人を超える海外の学者や専門医へのインタビューを重ねながら、現在はヘルスケアや生産性向上をテーマとした書籍や雑誌の執筆を手がける。自身のブログ「パレオな男」で心理、健康、科学に関する最新の知見を紹介し続け、月間250万PVを達成。近年はヘルスケア企業などを中心に、科学的なエビデンスの見分け方などを伝える講演なども行っている。著書に『最高の体調』(クロスメディア・パブリッシング)、『ヤバい集中力』(SBクリエイティブ)他多数。

科学的《かがくてき》な適職《てきしょく》

2019年12月21日　初版発行
2023年 3月25日　第11刷発行

発行　**株式会社クロスメディア・パブリッシング**

発行者　小早川 幸一郎

〒151-0051　東京都渋谷区千駄ヶ谷4-20-3 東栄神宮外苑ビル

http://www.cm-publishing.co.jp

■本の内容に関するお問い合わせ先 …………………… TEL［03］5413-3140／FAX［03］5413-3141

発売　**株式会社インプレス**

〒101-0051　東京都千代田区神田神保町一丁目105番地

■乱丁本・落丁本などのお問い合わせ先 ………………………………………………… FAX［03］6837-5023

service@impress.co.jp

※古書店で購入されたものについてはお取り替えできません

ブックデザイン　金澤浩二（cmD）　　DTP　荒好見（cmD）

印刷・製本　中央精版印刷株式会社

©Yu Suzuki 2019 Printed in Japan

ISBN 978-4-295-40374-6　C0030